裁判員制度は本当に必要ですか？

司法の「国民」参加がもたらしたもの

織田信夫

花伝社

裁判員制度は本当に必要ですか？——司法の「国民」参加がもたらしたもの◆目次

はしがき

断捨離という言葉は、要らない物を捨てて家の中をすっきりさせることを意味する良い言葉だと思っていたら、元々は沖正弘という方が提唱したヨガの行法の断行、捨行、離行に発しているのだという。入ってくる要らない物を断つ「断」、家にずっとある要らない物を捨てる「捨」、物への執着から離れる「離」を実践し、身軽で快適な生活と人生を手に入れることが目的であるのだという。つまり、本来は、修行、修練を必要とするものだということであろう。

人間は、物を欲しがる、他人が持っている物は良く見えて特に欲しくなる、一度手にした物にはどういう訳か執着心が生じ、なかなか捨てられない。特に私のような、幼児期に窮乏生活を余儀なくされた戦前派は、実につまらない物も勿体ないという気持ちで捨てられなくなる。だから苦労して求めた物などは、その後無用の長物になっても、ゴミとして捨てる手間も惜しんでしまう。

裁判員制度は、司法制度改革審議会二〇〇一年六月一二日付意見書によって提案され、二〇〇四年五月二八日に法律として公布され、その五年後の二〇〇九年五月二一日に施行された。その後、二〇一一年一一月一六日、最高裁判所大法廷によって合憲のお墨付きばかりではなく推奨のお言葉まで頂戴したものであれば、改革審提言以来一九年も大切に育ててきた制度を

「捨」することは、なかなか難しいことではあろう。

裁判所法三条三項は、一九四七年以来同じ形をしている。「刑事について、別に法律で陪審の制度を設けることは妨げない。」と規定しているのに、制定後七三年余の間、国会でその制定法案が審議されたことはなく、裁判員法という刑事裁判への国民参加制度ができて、その規定が今後活用される可能性は完全に途絶えた、つまり死んだのに、この国は、今でもその条文を後生大事に残している。国会、政府の怠慢か、それとも制度郷愁者の執着心によるものかはわからないが、この死者さえも葬ろうとしない。

裁判員制度については、裁判員辞退者が増えてますますなり手が少なくなった、裁判員が一生懸命出した結論があっさり上級審で破られ、何のためにこの制度があるのかその存在意義が問われるなどとマスコミで取り上げられても、政府も国会も一向に腰を上げようとしない。裁判所も検察庁も、法律があるから仕方なくかどうかはわからないが、なかなか見切りをつけない。しかし、今やマスコミ、日弁連を含め多くの人は、その制度を無くせとは言わず、だらだらと続けさせている。

しかし、私は、こんな制度は元々作るべきではなかったし、作ったからといってこの国に残しておくべきではない、断捨離すべきだとの信念の持ち主であり、その信念のもとに、これまで河野真樹さんに、河野さんが主宰する「司法ウオッチ」への拙稿の掲載を認めていただいた。今般その拙稿を、裁判員制度の問題を改めて一人でも多くの人々に考えていただき、その断捨離にお力を貸していただきたいとの思いから、河野さんのご承諾を得てその一部をまとめて出版することとした。修行の必要な断捨離を、数々の難問を抱える政府、国会がそう簡単にするとは考えにくいけれども、幸い以前二冊の裁判員制度関連の本の発刊を認めてくださった花伝社が、今回もこの老いの一徹を受け入れてくださったので、ここに一冊の本として日の目を見ることができた。ご一読いただければ幸いである。

第1章　裁判員制度の現在

1　改めて一般市民の裁判関与を考える――裁判員制度の落し物

はじめに

今年（二〇一七年）の寺田最高裁長官の「新年のことば」の中で、裁判員制度については次のように述べられている。「施行から九年目を迎え、国民の高い意識と誠実な姿勢に支えられて概ね安定的に運用されているとの評価を得ている裁判員制度についても、裁判員の安全確保のための方策を講ずるなど、誰でも安心して裁判に参加することができるよう国民目線に立った細やかな配慮や工夫に努めつつ、裁判員裁判対象外の事件をも念頭に置き、将来の刑事裁判の在り方まで視野に入れて、運用に工夫を重ねていってほしいところです。」。

寺田長官自身が「概ね安定的に運用されている」と評価している訳ではなく、誰とは特定せず或る者からそう評価されているという表現になっている。長官自身は自らの認識を明らかにせず、ただ、誰でも安心して参加できるよう運用に工夫してほしいと思っているということだけを述べている。

昨年の同長官の「新年のことば」では、「施行から八年目を迎える裁判員制度が、国民の高い意識と誠実な姿勢に支えられて概ね安定的に運営されており、刑事司法の中核的地位を占めるようになっています。」と述べられていた。つまり、寺田長官自身の制度評価が述べられていた。それと比較すると、今年の「ことば」は僅かな表現の違いではあるが、内容は大きく変化していると言える。

昨年一一月、殺人未遂で起訴された女性にかかる大阪地裁の裁判員裁判において、裁判員が毎公判期日に一人ずつ辞退の申出をして結局三人が解任され、また補充裁判員が二人しか選任されていなかったため、三日目に予定されていた公判を開くことができない事態が発生したと報じられた。地裁は辞退の理由を明らかにしていないという。

二〇一六年三月に発表された最高裁の裁判員制度に関する市民の意識調査では、「裁判員として刑事裁判に参加したいか」との質問に対し、男性の78・2％、女性の88・6％が「義務であれば参加せざるを得ない」或いは「義務であっても参加したくない」と答えているという。二〇〇九年からその数字は大きく動いていない。

福岡地裁小倉支部における暴力団に関係する事件に関連して、傍聴者が裁判員法違反に問われる事件が発生した。二〇一六年五月、傍聴していた暴力団員が裁判員に声掛けをしたという事件である。その事件は前記の「新年のことば」の中の「安心して裁判に参加できるよう」との表現を使うについて長官の念頭にあったと思われる。その声掛けをした二人の被告人に対する裁判で、裁判長は「裁判員制度の根幹を揺るがしかねない結果を引き起こした」と指摘したと報じられた（毎日新聞2017年1月6日配信）。

制度導入を目論んだ側からすれば、国民の裁判参加は多くの国民の主体的参加によって成り立つべきものとは言っても、一部の好奇心旺盛な者は別として、元々決して好まれる性質の仕事ではないから、国民参加とは言っても罰則付きで出頭を強制させざるを得ないという矛盾を孕んで船出させた制度である以上は、このような問題の発生は想定内との見方もあるかも知れない。しかし、そもそもそのような無理をし、矛盾を孕んだままで、最高裁判所大法廷判決に言わせれば「義務」を「権限」と言い替えざるを得ない形で、一般国民を参加させなければ成り立たない制度を発足させるに至ったことは、始めから制度制定自体に無理があったことは否定し得ないであろう。

また、どのような制度も始めから理想的に運用されることはないから、そのことを前提とすれば、このようなデータが出、事件が発生したとしても、「概ね安定的に運用されている」と評価する人がいても必ずしも嘘とは言えないかも知れない。しかし、そのような評価のみを最大限取り上げ、裁判員制度自体、或いは裁判員制度を合憲と判断した最高裁判所判決を批判する声のあることには一言も触れない「新年のことば」は、国民に対する巧妙な騙しではなかろうか。

また、裁判員不足の問題、前記の意識調査、裁判員への声掛け事件は、いずれも裁判員制度の危機的状況を示しているものと評価されこそすれ、間違っても「概ね安定的に運用されている」などと評価され得るものでないことは明らかである。それ故に長官自身は、「概ね安定的に運用されている」との昨年の自己の判断の表明は避けざるを得なかったものと思われる。

本稿では、この制度制定について、立法事実がなかったことをも含めて、そもそも制度制定には無理があり、それ故に、根無し草同様まともな社会であればその制度はいずれ枯死する運命にあることを以下に述べたい。

裁判員制度導入についての司法制度改革審議会の考え方

二〇〇一年六月一二日に公表された司法制度改革審議会（以下「審議会」という。）意見書は、その「はじめに」の中で、「本意見において、未来への可能性に満ちた我が国社会を支える基盤となる司法制度の姿を、明確に描き出すことができたものと自負している」と並々ならぬ自信を示した。

意見書は、司法制度改革の柱としてつぎの三項目を掲げた。

第一に、国民の期待に応える司法制度とするため、司法制度をより利用しやすく、分かりやすく、頼りがいのあるものとする。

第二に、「司法制度を支える法曹の在り方」を改革し、質量ともに豊かなプロフェッションとしての法曹を確保する。

第三に、「国民的基盤の確立」のために、国民が訴訟手続に参加する制度の導入等により司法に対する国民の信頼を高める。

　第一の柱の具体的方向の一つとして、刑事司法について、裁判内容に国民の健全な社会常識を一層反映させるため、一定の重大事件につき、一般の国民が裁判官と共に裁判内容の決定に参加する制度を導入するとの方向を示し、それを第三の柱である国民的基盤の確立に結びつけ、「司法の中核をなす訴訟手続への新たな参加制度として、刑事訴訟事件の一部を対象に、一般の国民が裁判官と共に責任を分担しつつ協働し、裁判内容の決定に主体的、実質的に関与することができる新たな制度を導入する。」と記す。

　それは、現在施行されている裁判員制度についてのそれなりの基本的理念を示すものと言えよう。

　ところで、これより先、二〇〇〇年一一月二〇日に審議会が明らかにした中間報告では、国民の司法参加拡充の必要性として、「二一世紀の我が国社会において国民は、これまでの統治客体意識に伴う国家への過度の依存体質から脱却し、自らのうちに公共意識を醸成し、公共的事柄に対する能動的姿勢を強めていくことが求められており、国民主権に基づく統治構造の一翼を担う司法の分野においても『公』を担う国民が、自律性と責任感を持ちつつ、広くその運用全般について多様な形で、参加（関与）できるよう司法参加を拡充する必要がある」と述べる。

　この中間報告が掲げる国民の司法参加拡充の必要性に関する表現は、その後、意見書の「今般の司法制度改革の基本理念と方向」と標題の付された部分においても引用されている。

最高裁の裁判員制度についての基本的な理解

最高裁二〇一一年一一月一六日大法廷判決は、上告趣意とは無関係に「司法の役割を実現するために、法に関する専門性が必須であることは既に述べたとおりであるが、法曹のみによって実現される高度の専門性は、時に国民の理解を困難にし、その感覚から乖離したものになりかねない側面を持つ。刑事裁判のように、国民の日常生活と密接に関連し、国民の理解と支持が不可欠とされる領域においては、この点に対する配慮は特に重要である。裁判員制度は、司法の国民的基盤の強化を目的とするものであるが、それは、国民の視点や感覚と法曹の専門性とが常に交流することによって、相互の理解を深め、それぞれの長所が生かされるような刑事裁判の実現を目指すものということができる。」と判示した。

この部分は、裁判員法として立法化された裁判員制度についての最高裁の基本的な理解内容を示すものと解される。つまり、裁判員法一条の「裁判員が裁判官と共に刑事訴訟手続に関与することが、司法に対する国民の理解の増進とその信頼の向上に資することにかんがみ」という規定の解釈として、「国民の視点や感覚と法曹の専門性の交流による相互理解の深化」を計ることができ、それがより良い刑事裁判の実現の基盤となると解しているということではないかと思われる。

最高裁の前記判示中の「裁判員制度は、司法の国民的基盤の強化を目的とする」というのは、裁判員法一条の解釈としては明らかに間違いである。同法には制度の目的を定める規定はない。この制度については多くの人がそれぞれ勝手に目的なるものを掲げており最高裁のその判示もその一つに過ぎない（ダニエル・フット『名もない、顔もない司法』276ページ）。日本語の通常の解釈としては、同法一条は裁判員が刑事裁判において裁判官の仕事に関与すれば司法に対する国民の理解と裁判に対する信頼が自ずと深まることは既定のことだと述べているだけであり、最高裁の前記解釈は明らかに文理を逸脱した独自の解釈である。

また、刑事裁判が国民の日常生活と密接に関連するとは如何なる理由によるものか、定かではない。刑事裁判は、犯罪に関係する警察や法曹には密接に関係することではあっても、一般の国民にとってはドラマ的な話題や新聞種としての興味はあっても、その大多数には無縁なことではなかろうか。なお、最高裁自身が司法の国民的基盤の強化云々を持ち出すのはいかがなものであろうか。現行の職業裁判官のみで行われている殆どの裁判は、国民的基盤が弱体であることを自認しているようなものではないか。

審議会の裁判員制度に対する国策としての位置づけについて

前記中間答申中に明示され、意見書にも「我が国は直面する困難な状況の中にあって、政治改革、行政改革、地方分権推進、規制緩和等の経済構造改革等の諸々の改革に取り組んできた。

これらの諸々の改革の根底に共通して流れているのは、国民の一人ひとりが、統治客体意識から脱却し、自律的でかつ社会的責任を負った統治主体として、互いに協力しながら自由で公正な社会の構築に参画しこの国の豊かな創造性とエネルギーを取り戻そうとする志であろう。今般の司法制度改革は、これらの諸々の改革を憲法のよって立つ基本理念の一つである『法の支配』の下に有機的に結び合わせようとするものであり、まさに『この国のかたち』の再構築に関する一連の諸改革の『最後のかなめ』として位置付けられるものである。」と記されている。

これが審議会の裁判員制度制定提言の「かなめ」と言って良かろう。

その理解の本質は個人主義から国家主義への変貌

意見書には中間報告にある「国家への過度な依存体質から脱却し」という表現こそ使われてはいないけれども、中間報告、意見書、最高裁判決に見られる司法への国民参加というキーワードには、国民に対し、国民は国家に甘えてばかりいてはいけない、国家の仕事に関与し責任を持つという意識を醸成し国家に奉仕しなければならないという、個人主義から国家主義への変貌の構図が透けて見える。それは正に憲法一三条の理念の没却であり、自由民主党が二〇一二年四月二七日に決定した日本国憲法草案一三条の先取りである。

裁判員制度と民主主義の関係については、私はこれまで「裁判員制度に見る民主主義の危うさ」（『裁判員制度廃止論』39ページ以下）、「裁判員制度は国民主権の実質化か？――裁判員の民主的正統性について」（『裁判員制度はなぜ続く』22ページ）において論じたが、上述のように改めて審議会の中間報告、同意見書、最高裁大法廷判決を読み直してみれば、個人の尊厳という民主主義にとって最も重要な価値に対する配慮を疎かにし、いわばそれらを落し物として「国民の健全な社会常識を反映させるため」とか「国民の視点や感覚と法曹の専門性との交流」など国民を尊重するような表現を巧妙に使いながら、実体は国民に対してその自由な意思に反しても国家権力の行使に加担させようとする姿勢を実に露骨に示している。その典型が、意見書中の「裁判所から召喚を受けた裁判員候補者は出頭義務を負うこととすべきである。」「被告人は裁判官と裁判員とで構成される裁判体による裁判を辞退することは認めないこととすべきである。」という、つまり裁判員の強制と、被告人の選択権の否定の提言である。

一般国民に対しては国策に従順であることを命じ、刑事裁判においてはその人権を尊重されなければならない刑事被告人の裁判を受ける権利の制限である。裁判員制度がそのような個人の尊重ではなく本質的に国家主義的なものであるのに、人権尊重の理念を掲げる日弁連が何ら批判の立場をとらず、むしろ推進の立場に立っていることは、私には何とも解せないことである。

そして何より注目されなければならないことは、かかる司法への国民参加制度は、多くの国民が現行の司法の在り方に対し強烈な不満を持ち、そのため、その改革を求めて湧き出した情熱によって発案されたものではなく、審議会の誰が発案したものかは定かではないが、国民はこれまで国家に対し「過度の依存体質」を持っている、つまり甘えっ子になり過ぎているから、もっと国家社会のために積極的に役立つ姿勢を強めなさいと諭し、手っ取り早く権力行使を自覚させ得る裁判員に就くことを強制するものとして、上からの力によって形成されたということである。

諸外国の市民参加の成り立ちの概要

いわゆる先進国と称される国には、陪審または参審という裁判に市民が関与する制度がある。それらの国において一般市民が裁判に関与する仕組みが行われるようになるについては、それぞれの国の歴史があり、国民の司法文化ともいうべき意識があった。

陪審制の歴史については諸説があるけれども、当初は、イギリスにおいて国王がその統治に必要な情報収集としての検地帳の作成への宣誓供述者として存在し、その後、私人訴追者による告発陪審への訴が創設され、証人的なものから次第に審判者へと転化していったと言われる（『法律時報』64巻5号［以下「時報」という。］26ページ以下、鯰越溢弘「イギリス陪審の歴史と現状」）。市民の司法参加の典型としての陪審裁判を未だに保っている国がアメリカであることは広く知られている。その制度は「持ち込まれた」ものではなく「克ち取られた」ものであることに注意しなくてはならないと言われる（時報34ページ、丸田隆「アメリカ陪審制度の理念と問題点」）。しかし、その制度は、冤罪の余りにも多いことなどから、今や問題山積の「遅れた裁判方式」

の一つと断定される有様である（伊東乾『ニッポンの岐路裁判員制度』102ページ）。フランスでは、革命初期の最優先課題として刑事司法改革が取り上げられ、市民的権利の重要なものとして捉えられ、硬直化し難解な技術をふりまわす職業裁判官への不信の現れとして陪審制は存在した。その後、度々制度は変更されたが、伝統的な職業裁判官への不信があり、陪審（現在は実質参審）を維持することが司法の理想により適していると信じられているからであろうとされる（時報40ページ以下、白取祐司「フランスの陪審制はいま何が問題か」）。ドイツにおいても当初陪審が導入されたのは、フランス同様、官僚裁判官に対する不信感があったけれども、その後、官僚裁判官に対する信頼は強まり、参審制へと移行していったと言われる（時報46ページ、吉弘光男、本間一也「19世紀ドイツにおける陪審裁判所および参審裁判所導入の過程」）。

陪参審制を採用しているいわゆる先進国が、現在の裁判への市民参加制度を採用し、今なおそれが継続しているのは、権力者からの目線で示された「国民一人ひとりが統治客体意識から脱却し、自律的でかつ社会的責任を負った統治主体として互いに協力しながら自由で公正な社会に参画し、この国の豊かな創造性とエネルギーを取り戻そうとする志」によるものではなく、当初は国王の統治手段としてのシステムから発展し、官僚裁判官に対する不信感、既存の権力に対する反発が根強く存在したところに、国民の湧き上るエネルギーとして克ち取られたという歴史があるからである。

司法の本質は一般市民の裁判への強制参加を要求するか

最高裁判所が毎年行う裁判員制度についての市民の意識調査に、「刑事裁判や司法などに国民が自主的に関与すべきか」という項目がある。単なる「関与」ではなく「自主的」と態々断わっての質問になっている。現在の裁判員制度は、衆議院議員の選挙権を有する者から、くじで選ばれた者で一定の除外事由に該当しない者は全員裁判員になるべき義務があるもの、つまり強制である。「自主的」という言葉は前記の審議会意見書中の「裁判内容の決定に主体的、実質的に」という言葉と同じ内容のものとして用いているのであろうが、制度自体が強制関与、つまり動員であることは疑いのないことであるから、最高裁大法廷の判示する「裁判員の職務は参政権と同様の権限を国民に付与するもの」との見解は到底万人の容認し得ないものという以外にはない。

そうであれば、最高裁の前記アンケートの「自主的に関与すべきか」という質問は、一般的に国民に対し、新たな立法政策の是非を問うことを目的とするものであればいざ知らず、現行の裁判員制度についての意識調査としては全く意味のない質問だということになろう。「刑事裁判に一般市民を罰則付きで強制的に関与させることをどう考えるか」と何故問わなかったのであろうか。

司法という国家の権力部門の仕事は、係争の事実の認定とその認定した事実についての法律の適用である。それは、憲法に則り国家によって裁判を担当する者として選任された者によって行われる。裁判を担当する者の裁判に臨む際の理念は、憲法七六条三項に定める「良心に従い独立して職権を行」うこと、「憲法及び法律にのみ拘束される」べきことである。憲法及び法律のみに拘束されるということは、適正、公平、基本的人権尊重の理念に支えられた的確な法の実現であり、「裁判については、他の国家機関によるコントロオルのみならず、国民による直接のコントロオルをも排除することが要請される。」（宮澤俊義『コンメンタール日本国憲法』607ページ）。

その当然の帰結として、憲法が定める裁判担当者選任手続によらない、憲法及び法律を適正公平に適用することの能力を確保し得ない者は、最終の国家意思の決定に関与することは許されないということにならざるを得ない。まして、無作為にその裁判担当者を選んで強制的にその職務に当たらせるなどということは、近代司法制度の下では到底許されるべきではない。

人としての裁判への関与

以上は司法制度の面から一般市民の裁判関与について見てきた。一般市民が同じ市民を対象として、死刑を宣告し、自由を奪うなどの行為に加担することは人として道義的にいかに評価され得る行為であろうか。

聖書の姦通の女のエピソードでは、石打ちの刑を説くファリサイ派らの主張に対し、イエス・キリストが「まず罪なき者石をもて打て」と話したのは有名なことである。また、死者の裁きをする閻魔大王は、裁きの前に煮えたぎる銅を飲んだと言われる（玄侑宗久「裁判員は日本人の美徳を壊す」『文藝春秋』２００９年2月号）。いずれも宗教的立場からの、人が人を裁くことの戒め、厳しさを説く話である。

国家の制度として法を実現する目的の司法において、法によらずに人が人を裁くこと、さらに裁判の本質にせまることとの問題の提示である。

仮に一般市民がかかる裁判への関与を望んだとしても、本来人として許されないと考えられる性質の行為を国家の制度として容認することは、極めて疑問のあることである。

人が裁くのではない、事実を証拠に基づいて認定し、法律に従って刑罰を科すだけだから人倫に反することはないと反論する者がいるかもしれない。しかし、法を知らない者の裁きは、自分の感覚、感情以外に裁く基準を持たない。正に人が人を裁くことになる。この点からしても、一般市民の裁判関与は決して望ましいことではない。制度設計以前の問題である。

むすび

一般市民が裁判に関与することになった諸外国の歴史については先に概観した。しかし、その発端は極めて政治的なものであり、司法という公平、適正、独立を理念とする司法の在るべき姿とは相容れるものではない。民主的司法の旗手の如く思われ、裁判員制度反対者でも支持者がいる陪審制について、前述のように問題山積の遅れた裁判方式の一つと評されるのは理解し得ることである。

つまり、本質的に司法は、くじで無作為に選んだ一般市民を参加させるべき国家制度ではなく、国民の中から、その職に適する人格と能力とを備え、法についての広範な知識を有し、その実務の訓練を経た者をその担当者として選任することが望ましい制度として存在するのであり、一般市民の関与は、前述のように各国の政治的状況によって真に政治的要請がある場合にその選択肢の一つとしては生じ得る性質のものである。それ故に、現にどの国にも裁判を担当する専門職が存在し、それが基本的に司法の職務を担当している。

重複するが、一般市民を無作為に選んで裁判に関与させる仕組みを採用し得る素地としては、前述のような、基本的に国民の側にかかる専門的裁判官の裁判に対する反発、不信が強く、国家的にそれを受け入れざるを得ないような政治的要請が存する場合ということになる。一般国民を裁判に関与させれば司法の国民的基盤の強化になるなどという根拠はどこにもない。司法の国民的基盤の強化は、司法が真に国民の信頼に応えられるものとなること以外にはない。

今回の審議会の記述する、統治客体意識に伴う国家への過度の依存体質から脱却し、自らのうちに公共意識を醸成し公共的事柄に対する能動的姿勢を強めていく場として司法を利用するなどということは、おおよそ司法の本質とは相容れないことである。

国民参加によって司法の国民的基盤が強化し得るというのであれば、いっそ専門的裁判担当者を排除し、一般市民が裁判の主体となる人民裁判が国民的基盤を強化し得る最善の方策ということになろう。しかし、今、日本の国民で、また他の近代文明の発達した国で、そのように考える国民はいかほどいようか。たまたまネット検索で「人民裁判と裁判員制度の共通項」という論考を見つけた（香港：美朋有限公司・薫事長小島正憲）。小島氏は、裁判員制度に人民裁判の暗い影を見、実に説得力ある分かりやすい表現で裁判員制度の問題点を指摘している。

一般市民の裁判参加は、専門的裁判担当者の裁判に対する強い不信、反発という社会的事実が存し、その一般市民の真の主体的参加によって国民に信頼される裁判が実現し得る確率が社会の情況として存する場合には、それを立法事実として初めて実現が可能となり、制度としても容認されることになる。

そのような立法事実の存在しない状況下で、前述のように上から目線の公共意識の醸成の場として制度化されたものは、前述の意識調査の結果が示すように多くの国民から嫌われ敬遠され、種々の問題を惹き起こすことになるのは必定なのである。

樹木が毎年美しい花を咲かせる、我々の食事を支える植物が豊かに稔るには、まずその土壌がそれらの植物に適したものでなければならない。土壌の悪いところに植樹し、種を蒔いても、その植物は育たず、いずれ枯れる。

司法の民主化、国民的基盤の強化というキャッチフレーズだけでは、それこそ笛吹けど踊らずになろう。

私は、現官僚裁判官制度を必ずしも良しとしない。より良い司法の実現には、現司法制度の問題点をそれこそ国民目線で洗い出す必要がある。その上で、今後、専門的裁判担当者をどのように育てるか、法曹一元の採用、適切な一般市民・諸種の専門家の裁判担当者としての確保、そのための非常勤裁判官制の採用等裁判担当者をどのように定めるか、最高裁判所裁判官の具体的人選方法をどうするか、裁判官の人事のあるべき形は何か、現行の中央集権的な司法行政に問題はないかなど、公平・適正・独立を全うし得る裁判の実現に向けて、根本から望ましい司法制度の研究・実現に努力すべきである。

思い付きの妥協の産物である裁判員制度は、即刻廃止されるべきである。

（二〇一七・三～五）

2 「司法の国民的基盤の確立」とは

はしがき

裁判員の参加する刑事裁判に関する法律いわゆる裁判員法が施行されて今年（二〇一九年）五月で一〇年になる。裁判員法附則九条が、「施行三年後に法律の施行の状況について検討を加え、必要があると認めるときには所要の措置を講ずること」と定めたことにより、裁判員法の一部を改正する法律が制定され、二〇一五年六月一二日公布された。改正法附則三項にも、「政府は、この法律の施行後三年を経過した場合において、新法の施行の状況等について検討を加え、必要があると認めるときは、その結果に基づいて、裁判員の参加する裁判の制度が我が国の司法制度の基盤としてより重要な役割を果たすものとなるよう、所要の措置を講ずるものとする。」と定められた。この改正法附則の文言は、裁判員法附則九条とほぼ同じ文言である。

ところで、二〇〇一年六月一二日内閣に提出された、裁判員制度の制定を提言する司法制度改革審議会の意見書には、その提言を、「国民的基盤の確立」と題する項目の中で示している。

「二一世紀の我が国の社会においては、国民は、これまでの統治客体意識に伴う国家への過度の依存体質から脱却し、自らのうちに公共意識を醸成し、公共的事柄に対する能動的姿勢を強めていくことが求められている。国民主権に基づく統治構成の一翼を担う司法の分野においても、国民が自律性と責任感を持ちつつ、広くその運用全般について多様な形で参加することが期待される。国民が法曹とともに司法の運営に広く関与するようになれば、司法と国民との接地面が太く広くなり、司法に対する国民の理解が進み、司法ないし裁判の過程が国民に分かりやすくなる。その結果司法の国民的基盤はより強固なものとして確立されることになる。」

「司法がその機能を十全に果たすためには、国民からの幅広い支持と理解を得て、その国民的基盤が確立されることが不可欠であり、国民の司法参加の拡充による国民的基盤の確立は今般の司法制度改革の三本柱の一つとして位置付けることができる。」

「訴訟手続は司法の中核をなすものであり、訴訟手続きへの一般の国民の参加は、司法の国民的基盤を確立するための方策として、とりわけ重要な意義を有する。」

「一般の国民が、裁判の過程に参加し、裁判内容に国民の健全な社会常識がより反映されるようになることによって、国民の司法に対する理解と支持が深まり、司法はより強固な国民的基盤を得ることができるようになる。」

「広く一般の国民が裁判官とともに責任を分担しつつ協働し、裁判内容の決定に主体的、実質的に関与することができる新たな制度を導入するべきである。」

「実施後においても、当初の制度を固定的にとらえることなく、その運用状況を不断に検証し、国民的基盤の確立の重要性を踏まえ、幅広い観点から、必要に応じ、柔軟に制度の見直しを行っていくべきである。」

一部省略したが、ほぼ原文のままである。標題を除いて、その項目の中で「国民的基盤の確立」という言葉が実に六回も出てくる。

これに先立つ一九九九年一一月二〇日の司法制度改革審議会中間報告においても、「国民が、裁判の過程に参加（関与）し、裁判内容に国民の健全な社会常識がより反映されることによって、国民の司法に対する理解・支持が深まり、司法はより強固な国民的基盤（民主的正統性）を得ることができるようになる。」と記されていた（「5．国民の司法参加――国民的基盤の確立――」⑵ア）。

二〇〇九年一月、棚瀬孝雄教授編集にかかる『司法の国民的基盤――日米の司法政治と司法理論』が日本評論社から刊行された。同教授は、その序章で、裁判員制度との関わりで国民の司法参加について論じ、「日本の司法と、アメリカの司法を対比して、主権の観念に違いがあり、それが司法参加の日本における消極性を、またアメリカでは国民の司法政治と呼応する積極的な司法審査をもたらしていることをみてきた。……この日本の主権観念が、アメリカのような国民への信頼、そしてその政治への信頼に基礎を置くものに変わっていく可能性はあるのだろうか……実体的国家観に基づく政治制度や社会構造は解体されてきてはいるが、まだ、それに対応する、国民の有能性は十分に構築されていないようにみえる。しかし、有能でないから任せられないという不信を前提とした制度では、いつまでも有能な国民は育たない。一歩前へ出て、本当の意味で司法の国民的基盤を作っていくために、国民を信頼することはできないだろうか。」（46ページ）、「日本でも司法の役割がこれから高まっていくとすれば、この国民的基盤の違いに目を向けて、もう少し国民を関わらせていくような制度構築を考えていくべきではなかろうか。」（48ページ）と説く。

司法の国民的基盤の意味について、前掲棚瀬教授の編著は「はしがき」で、「『刀も財布ももたない』司法が、国家の権力や社会の既成権力に逆らって法の理念を押し出していくためには、司法は国民とともに考え、国民に支持されて、あるべき社会を先取っていかなければならないのであり、それが司法制度改革でいわれた『司法の国民的基盤』である。」と定義付け、「司法が、法の管理を託された専門家によってのみなしうるものであるならば、あえて国民的基盤は必要がないし、むしろ有害でもある。」と説いている。

裁判員制度合憲判決と評される最高裁大法廷二〇一一年一一月一六日判決は、上告理由に対する判断としてではなく、「裁判員制度は司法の国民的基盤の強化を目的とするもの」と断じ、「それは、国民の視点や感覚と法曹の専門性とが常に交流することによって、相互の理解を深め、それぞれの長所が生かされるような刑事裁判の実現を目指すものということができる。」と説く。この最高裁判決の判示部分は明らかに蛇足であり極めて政治性の強いものであるが、それはさておき、裁判員法は、そのような、司法の国民的基盤の強化を目的とするなどとは定めていない。法は、裁判員が刑事訴訟手続に関与することが司法に対する国民の理解の増進とその信頼の向上に資すると決めてかかっているだけで、それを目的とするものだなどとは定めず、また、そのことが司法の国民的基盤の確立だなどと定義付けているわけでもない。もとより、その法文は仮説であって全く根拠のないものであるが。

大法廷判決は、この国民的基盤の確立の用語とは別に、「刑事裁判に国民が参加して民主的基盤の強化を図ること」とも記している。そして、「欧米諸国においては……一八世紀から二〇世紀前半にかけて民主主義の発展に伴い、国民が直接司法に参加することにより裁判の国民的基盤を強化し、その正統性を確保しようとする流れが広がり、憲法制定当時の二〇世紀半ばには、欧米の民主主義国家の多くに陪審制か参審制が採用されていた」と判示する。

司法と民主主義との関係については、いわゆる司法ジレンマ論（兼子一『裁判員法』有斐閣、20ページ）を始め、前記司法審意見書においては国民の裁判参加が民主主義と関連付けられることについては否定されたものであることは、その制度の提案に至った司法審の審議経過を詳細に検証した柳瀬昇教授の論文（「裁判員法の立法過程」信州大学法学論集第8号別冊124ページ）によっても指摘されているところである。

以上に述べた、司法の国民的基盤と表現されることの具体的意味は何なのか、何故にそれが裁判員制度制定の根拠になり或いは目的と称されるものになったのかについて改めて考えてみたい。

「司法に対する国民的基盤の確立」の考え方

国民的基盤という言葉が登場したのは、司法審の審議の過程で、何故国民が裁判手続きに関与しなければならないのかが議論された段階で民主主義的基礎づけ説と理解増進・信頼向上説とが議論され、民主主義的基礎づけ説によれば国民が参加しない裁判には正統性がないということから、現行の刑事裁判の正統性の否定につながるものとして致命的な欠陥を有するものとされた（前掲柳瀬第11号別冊144ページ）。

しかし、前記の中間報告においては、国民的基盤の確立という用語にカッコ書きで態々「民主的正統性」と表現されている。国民的基盤とは何なのか、上記引用の文献、報告等の考え方についてまとめてみよう。

（1）まず、司法審意見書であるが、「司法に対する理解が進み裁判の過程が分かりやすくなることによって得られる状態」と解しているようである。

（2）中間報告は、「民主的正統性」と解している。

（3）棚瀬教授は、国家権力、社会の既成権力に逆らって司法が法の理念を押し出していくのに必要な、国民とともに考え、国民の支持を得てあるべき社会を先取っていくきっかけを与えるものであり、司法が法の管理を託された専門家によってのみなし得るならば不必要、むしろ有害なものと解している。
（４）最高裁は、裁判員制度の目的そのものであり、国民の視点や感覚と法曹の専門性との交流による相互理解を深めることによって得られる刑事裁判の実現を目指すのに役立つものと捉えているようである。また、刑事裁判の民主的基盤の強化を図るものとも記しているところからすれば、この国民的基盤の確立を民主的基盤の確立と同義に捉えているのかも知れない。

これらの意見を私なりに整理してみれば、司法審は当初国民的基盤の確立ということを司法に民主的正統性を与えるものと解していたようであるが、意見書段階では国民の理解増進説、すなわち、国民が司法や裁判について理解が進んで裁判の過程が国民に分かり易くなることによって得られる効果と解している。最高裁は、理解増進説と民主主義的基礎づけ説の混淆説と解される。

棚瀬教授の理解は、これら司法審意見書や最高裁の捉え方とはかなり異なり、それは従来の専門裁判官による裁判の目指すべき指針となるようなものではない。むしろ、それには有害なものだということである。しかし、司法が国家権力や既成権力に逆らって法の理念を押し出していくことに役立つものであるならば、それは法の管理を託された専門家による裁判についても無用であり有害なものになるというのはどうしてなのか、私の能力では些か理解できないところではある。

ただ、いずれにしろ、この司法の国民的基盤の確立という言葉は、分かったようで分からない、いかようにも解し得る極めて曖昧な概念であり、立法事実として制度制定の根拠となり得るものではない。一方、裁判員法やその改正法の各附則に「司法の基盤強化」という言葉で取り上げられているけれども、その基盤という用語は国民的基盤を意識していることは間違いなかろう。

司法に国民的基盤の確立が必要だというのであれば、現在の裁判がそれをどの程度充足し、或いは不足しているのか、その具体的根拠はいかなる事実によって指摘し得るのかが明らかにされねばなるまい。裁判員法附則による検討時においても、またその改正法附則によるこれからなされる再検討時においても、それは国民に明らかにされねばならない。しかし、前述のように、それは不可能である。何せ、それはその言葉の曖昧さによって裁判員裁判の運用実態の評価の物差しとしての役割を果たしてはいないからである。

「国民的基盤」は後付けの用語

裁判員制度発案の経緯については、それが英米の陪審・参審制にならって、まず裁判に国民を参加させることを当然の前提として、陪審論に熱心な委員とこれに反対する委員との間で意見が激突し、これを取りなした審議会の会長らの提案した実質参審制の制度として発案され、それに落ち着いた形で出されたものであることは、審議の経緯から明らかである（西野喜一『裁判員制度の正体』46ページ以下）。つまり、まず裁判への国民参加ありき、裁判員制度ありきで議論が推移し、それではその必要性は何かを後付けで議論する中で、この司法の国民的基盤の確立という用語が用いられるようになったということである（前掲柳瀬第11号別冊138ページ以下）。そして、その言葉の意味付けに、前記のような三様の曖昧な説明がされたということである。

この国民的基盤の確立は、その言葉のニュアンスとして、いかにも民主的らしく、また、取りようによっては司法を国民に馴染ませやすいような、また、国民の力で司法を元気づけるような印象を与えることから、その後、司法への国民参加に合理性を与える言葉として独り歩きし始めたのである。前記の最高裁大法廷判決は、裁判員制度の目的であるとまで断言している。

「司法」には国民的基盤が必要なのか

この国民的基盤という言葉は、国家三権のうち、特に裁判員制度が考案されるようになってからにわかに、司法についてだけ言われるようになった。

民主主義国家の権力は、民意に基づくものでなければならない。国家の進むべき方向を定め、その方向に向かって歩みだすステップを定める、すなわち政策の決定は、国民の意思に基づくことが必要である。その最たるものは憲法を頂点とする法令制定であり、これを執行することである。国民から理解と支持を得たもの、国民の健全な社会常識が反映されるべきもの、主体的・実質的に関与されるべきものは、むしろ、そのような政策決定の場であり、その執行の場面であると言える。

それだから、政策決定の責任者を選ぶため、国民は、基本的権利として選挙権を有する。選挙で選ばれた国家政策決定の責任者、それから執行を委ねられた者の権力行為は、実質的に国民の意思に沿い国民の理解が得られるものであり、少なくともあるべきであるから、そのような状態の政策に対する概括的な評価として国民的基盤に立つものか否かというような形では、国民的基盤という言葉が用いられても良いのかも知れない。しかし、立法や行政の分野で国民的基盤の確立というような議論は、おおよそなされたことはない。

立法や行政の分野においても、その政策決定や執行が国民的基盤に立っているか否かを実質的に評価し得る基準は定めようがないからである。国家の将来を定めると言っても、国民という巨大な集団の意見は同一ということは有り得ない。要するに、国民の意見というときには、異なる意見の集約ということであり、そこで基盤が確立されているというときに、何をもってそのように評価し得るかということは、単に、政策決定者が選挙という、これも極めて技術的なテクニックで選ばれているという形式的なことにしか過ぎない。

つまり、国民的基盤の確立というときに、その表現自体が曖昧であるばかりではなく、そこで使われている「国民」そのものが曖昧なのである（拙稿「裁判官の独立と裁判員制度」（本書110ページ））。

今回、司法についてだけことさらに国民的基盤の確立というようなことが言われるのは、憲法上裁判を担当する者の選任の過程が、国民の選挙による意思表明がなされる立法や行政の担当者選任よりも間接的であることによるとしか考えられない。つまり、実質的なことではなく、単なる形式的なものである。

司法審竹下会長代理は、第32回審議会で、司法の民主的正統性は裁判官の民主的任命制度に求めるべきであると主張している。つまり現行の任命制度をもって民主的正統性を有するものと解しているのである。それを中間報告では国民的基盤と同義と解していたことからすれば、それが形式的なものに過ぎないことを司法審も理解していたと思われる。つまり、現行の裁判官選任制度によって行われている裁判は、司法審中間報告の立場からすれば、既に国民的基盤を有するものと解していたということであるから、ことさらに裁判員制度の制定の必要性の表現として国民的基盤の確立などということが取り上げられる素地は、なかったということである。

裁判手続きに関するあるべき議論

司法の国民的基盤の確立ということが、最高裁大法廷判決がいうように裁判員制度の立法目的であるというのであれば、その根拠となる事実すなわち現在の裁判官のみによる裁判のどこが国民的基盤に欠けるのか、裁判員制度の対象事件は重大な刑事裁判に限られるところ、その他の裁判官裁判は国民が参加しなくとも国民的基盤は確立されているというのか、裁判員が参加すれば従来の裁判官裁判よりも明らかに裁判は国民的基盤が確立するとどうしていえるのか、その証明はいかにしてなし得るのか、なし得ないのかなどの疑問は当然に湧いてくるであろう。

前記の西野教授はさらに、この国民的基盤よりももっと根源的な問題として、裁判制度の大改革法である裁判員法制定そのものについて、「現行の刑事裁判の問題点、その原因、その対策をそもそも議論していない……またいまの刑事裁判のシステムには、どこにどのような問題がどれほどあるのか、その原因は何であるのか、その不都合を克服するにはどのような対応をとればよいのか、それでどの程度の成果が予期できるのか、という根本的な問題がまったく議論されておりません。」。さらに「裁判員制度を採用すると、刑事裁判のどこが、なぜ、どうよくなるのかという議論もされておりません。」「一国の刑事司法のこれからのありようを決めようというのに、現状も、その原因も対策の効果のほども全然議論しなかったという、これほど『珍妙』な審議会もないでしょう」と述べる（前掲『正体』57ページ以下）。

そのような珍妙な立法過程の中で突如登場したのが、美辞的、民主的装いの「司法への国民的基盤の確立」という正体不明の言葉であったことは間違いがない。

国民的基盤論の危うさ

「司法ウオッチ」編集長の河野真樹氏は、「弁護士観察日記」（２０１７・６）において、「国民的基盤」論の危うい匂いを嗅ぎ当てている。その国民的基盤の言葉のなかに国民の意思がどこまで汲み取られているのか見えないことの危うさの指摘である。「国民」を冠した政策決定や主張には疑ってかかった方がよいようなものが存在するという。この裁判員制度について言われる「国民的基盤」は、その疑ってかかった方がよい典型である。国会は、この怪しげな言葉にまんまと引っ掛けられて、ほぼ全会一致で裁判員法を成立させてしまった。施行直前になってその怪しさに気が付いたのか、与野党の一部議員が施行に待ったをかけようとしたが、時すでに遅しであった。

制度崩壊にまっしぐらの今

この制度については、最高裁もマスコミも、今になって、裁判員候補者の出頭率が低下している、辞退率が上がっている、これでは裁判員を参加させる意義が失われると慌てているのが現状である。国民的基盤の確立などという訳の分からない言葉に踊らされて成立した制度であり、参加を義務付けられる多くの国民の拒絶反応を無視して施行されたものであれば、うまくいかないのはむしろ当然である。騙しのテクニックは結局通用しなかったのである。

されればどうすればよいか。これから始まる改正後三年の検討時期を利用して、司法の本質、刑事裁判の目的、国民の意向等を深く考察するために、一時施行を停止し、結論ありきではない前提で、司法全般を総検討すべきだと思う。

むすび

私は以前、外一名の弁護士とともに、福島地裁での裁判員の職務を担当して急性ストレス障害になった女性の国家賠償請求事件を担当した際、違憲論の一つの根拠として、裁判員法には立法事実がないと主張した。要するに、そのような制度がこの国の司法において要求される状況には全くないと主張して争った。国民という名の素人が数人参加すればその裁判は国民参加になり基盤の確立となるなどという非論理的な制度に、立法事実はないというものである。

福島地裁は、その主張について、前記の司法審意見書、国会での法務大臣の説明、司法審事務局長の説明等を引用し、「裁判員法が国民の司法に対する理解の増進と信頼の向上を図り、ひいては国民的基盤の確立を趣旨とする理由は、社会経済の構造が変革していくことに応じて、国民自らが自己の権利・利益を司法的手段を通じて実現していくことができるよう、司法がより納得性の高い紛争解決機能を提供するという、従来とは異なる新たな役割を果たすことを求められていることにあるといえる。そうであれば、従来の社会経済の構造の下、従来の刑事裁判には何ら問題がなかったとしても、そのことは何ら裁判員制度の導入を不要とする理由にはならないものといわざるを得ない。」として立法事実ありとした。沖縄辺野古沖への米軍基地移転に関する一連の司法判断と同様の、無反省な司法のあるべき姿からは程遠い国家政策追随意見である。前述のとおり、裁判員制度は、陪審派と非陪審派のせめぎあいの中で妥協の産物として現れ、司法の国民的基盤の確立という後付けの理屈によって成立したものであれば、その存在意義のないことは明らかである。この福島地裁の判決は、先の大法廷判決同様、司法の信頼を失墜させるものである。

一九九〇年代に財政がひっ迫する中、政策立案をするに際しては、より税金を有効に使おうとしてＥＢＰＭ（Evidence Based Policy Making）という考え方がイギリスで生まれ、世界に広まったと言われる。裁判員制度は、司法の国民的基盤の確立などという証明しようもないものによってできあがった、財政上も全く無駄な支出を要するものであることは明らかである。膨れ上がる財政赤字の解消策の一つとしても、一刻も早く廃止させるべきだと思っている。

仙台高裁管内独自の取り組みとして、東北六県の各地裁が裁判員制度をＰＲするキャッチコピーを募集しているという（河北新報２０１８・12・29）。どんなキャッチコピーが集まるのか楽しみだが、没しようとする太陽を止めることができないように、たそがれ裁判員制度の没するのを止められないことは明らかである。

それでも裁判所が、そのような裁判員制度維持に尽力するのは何故か。私は以前、コリン・Ｐ・Ａ・ジョーンズ氏の「『裁判員制度は裁判所に対する批判をなくすためのもの』『裁判官のための制度』という意見は真実であり、そのために石にかじりついてもこの制度を手放したくないと本当に思っているのではないかと邪推したくなる。」と書いた（拙著『裁判員制度はなぜ続く』１１５ページ）。人の腹の中は分からないからこれも推察でしかないけれども、この裁判員制度を維持している間は、陪審制度という、以前日弁連が求めた裁判官の裁判権の制限につながる制度は絶対に行われることはないから、その意図もあって裁判所はこの裁判員制度にしがみつこうとしているのかなどと深読みしてしまう。

（二〇一九・三〜五）

3　オウム真理教事件無罪判決と裁判員制度

はじめに

オウム真理教事件といわれる日本の犯罪史に残る記録的凶悪事件の一連の刑事裁判が、今年（二〇一八年）一月二五日、Ｔ被告人の最高裁判決に対する異議申立て棄却決定により全て終了した。

一八九人が起訴され、そのうち一三人に死刑判決、五人に無期懲役の判決が下され、その他の殆どの被告人が有期懲役刑に処せられている。注目すべきはその中で、今回菊地直子被告人（以下「Ｋ氏」という。）に対して無罪の判決が確定したことである。

周知のことだが、このＫ氏については東京地裁で行われた一審裁判員裁判で二〇一四年六月三〇日、懲役五年の有罪判決が言い渡され、Ｋ氏は即日東京高裁に控訴し、二〇一五年一一月二七日、同高裁で無罪判決が言い渡された。検察官が上告したが、最高裁は二〇一七年一二月二五日、決定でその上告を棄却し、同決定は訂正申立てなく確定した。

この一連の裁判所の判断、特に東京高裁の一審判決破棄無罪の判決については、マスコミや

ＳＮＳで種々の発言がなされた。今回の最高裁の上告棄却決定についての反応も、そのときのものと似たり寄ったりだが、その決定内容には特異なものがあるので、その点について述べ、さらに裁判員制度との関係について考えてみたい。

最高裁決定の特異性

その決定を読んで驚くことは、検察官の上告趣意の全ては刑訴法四〇五条の上告理由には当たらないと判断し、しかも、結果として一審判決を破棄し被告人に対し無罪の言渡しをした原判決は結論においてこれを是認することができるとして上告を棄却しているのであるから、本来ならその余の判断は不要のはずであるのに、「所論に鑑み、職権で判断する。」として控訴審紛いの事実認定に踏み込んで判断していることである。

原審の無罪判決理由と同じ理由で無罪判決を支持するのではありませんよ、と断りたかったのであろうか。

確かに世間の耳目を集めた事件であり、「特殊な宗教団体による大規模な組織的犯罪の一環としてなされたものであること」（決定文）から、無罪判決をするについては国民に対する説明責任を果たさなければならないとの最高裁なりの使命感があって判断が示されたのではないかとも思われる。そうとすれば、それ自体は決して非難されることではないであろう。

最高裁決定と原審東京高裁判決の理由の異同

それでは、原審の判断理由と最高裁の判断理由のどこが違うかということである。どちらも一審判決の判示は「間接事実からの推論の過程が説得的でない」として、一審判決が説示する間接事実の積み重ねによって殺人未遂幇助の意思を認定することはできないとの判断については共通している。どこが違うかというと、最高裁決定によれば、原審の判断には「裁判体として、個々の証拠の評価のみならず、推認過程の全体を把握できる判断構造について（裁判員とともに）共通認識を得た上で、これをもとに、各証拠の持つ重みに応じて、推認過程等を適切に検討することが求められる」のに、原判決には「第一審判決による判断構造を十分に捉え直さないままその判断過程に沿って個別の事実認定を検討した上、その不合理性を具体的に示していない説示部分を含んで」いたということである。その部分とはどういうことかについて最高裁決定は具体的に、正に噛んで含めるように一審判決の問題点を指摘している。それは正に高裁裁判官を諭しているようにもとれる。

最高裁判決理由の示す意義

このＫ氏にかかる殺人未遂と爆発物取締罰則違反幇助罪での起訴については、起訴当時から評論家の江川紹子氏は「かなり無理筋という感じがする」と自身のブログに書いていた。結果的にはその受け止め方どおりになったことからすれば、検察官が起訴に踏み切ったことについても問題視されなければなるまい。本稿ではその点には触れない。

このK氏にかかる裁判の流れを見れば、直感的に、一体裁判員裁判の存在意義はどこにあるのであろうかという疑問を持つのは単に私だけではあるまい。私は二〇一五年一一月東京高裁が一審有罪判決を破棄し無罪の判決を言い渡したことについて、「裁判員制度制定時、上訴制度には手をつけられなかった以上、この東京高裁のとった態度には何ら問題はないけれども、その態度が、それでは一審の裁判員裁判はどのような意義、効果があったのか、裁判員の役割は何であったのかという根本的疑問を投げかけたことは間違いない」と書いた（拙著『裁判員制度はなぜ続く』13ページ）。

今回の最高裁判決の判決理由が示したものは、それは、本来その理由を付さなければならないものではなく正に蛇足理由であるが、それはさて置き、「合理的な判断を示すためには、……推認過程の全体を把握できる判断構造……について共通認識を得た上で、これをもとに、各証拠の重みに応じて、推認過程等を適切に検討することが求められる」と判示した。

これまで裁判員制度推進の立場に立つ者は、事実認定は法律解釈や判断とは違い自分の感覚でなし得ることであると言われてきた。最高裁判所発行の「裁判員制度ブックレット」にも、「強調したいのは、証拠を検討して事実を認定する場合、難しい公式や理論を理解することが求められているわけではないということです。」「事実を認定していく作業は、国民の皆さんが日常的に行っている判断の場合と、本質的には同じなのです。」という新最高裁長官大谷直人氏の説明がある。大谷氏は当時最高裁事務総局刑事局長であり本最高裁判決をした第一小法廷の構成裁判官の一人である。

しかし、この最高裁判決は、前述のように、司法研修所でも教えないような「推認過程の全体を把握できる判断構造」、推察するに間接事実を積み上げて事実の有無を判断するために必要な考えの進め方について、裁判員及び裁判官は共通の認識を持たなければならない、且つ、個々の証拠の重みなるものを判別して、間接事実を積み上げて事実認定が適切に行われたかを検討することが必要だというのである。原審高裁は「第一審判決による判断構造を十分に捉え直さな」かったので、そのままでは是認できないのだという。

裁判員の資格要件は、基本的に義務教育を修了した衆議院議員選挙権を有する者ということのみであり、裁判員はその中からくじで選任される。かかる裁判員の事実認定には難しい公式や理論は必要としないと言っておきながら、前述のような、難しい判断構造の共通認識を共有しなければならない、証拠の重みも判断しなければならないなどと、事実認定についての考え方について本件最高裁判決は、前述のブックレットとは全く逆のことを言っているということである。

事実認定の公式・理論

本件判決で言っていることは、本来は至極尤もなことであって、裁判における証拠による事実認定とは国民が日常生活で行っているような事実の認識過程、つまり目の前にあるものが何かを言い当てるようなものではなく、過去に起きた事実について「証拠によってその有無を判断する過程」だということである。要するに、上記のような資格要件該当の人からくじで選ばれる裁判員に正しい事実認定を期待することは無理だということである。

四宮啓教授はかつてこのようなことを語っていた。「国民が裁判員になることは原則として義務であるため、『招かれざる負担』と受け止める向きもある。しかし、考えてみたいのは、何のための『負担』かということだ。……税金を払うのはより住みやすい社会を作るための、構成員の一人としての責任の分担である。……裁判員制度では損われた正義を回復する使命をもつ裁判に国民が参加する。私たちが正義を回復し、正義を実現する。その意味で税金や選挙よりはるかに役割は直接的だ。……だから米国では、陪審員として任務を果たすことは、義務であると同時に名誉ある権利と受け止められている。」（２００４年5月27日朝日新聞「論点」）。

司法審意見書の「Ⅳ国民的基盤の確立」の項には、「二一世紀の我が国社会において、国民はこれまでの統治客体意識に伴う国家への過度の依存体質から脱却し、自らのうちに公共意識を醸成し公共的事柄に対する能動的姿勢を強めていくことが求められる。国民主権に基づく統治構造の一翼を担う司法の分野においても、国民が自律性と責任感を持ちつつ、広くその運用全般について、多様な形で参加することが期待される。国民が法曹とともに司法の運営に広く関与するようになれば、司法と国民との接地面が太く広くなり、司法に対する国民の理解が進み、司法ないし裁判の過程が国民に分かりやすくなる。その結果、司法の国民的基盤はより強固なものとして確立されることになる。」との記述が見られる。二〇〇一年の記述なので何となく郷愁を誘うような表現であるが、裁判員制度はこのような、国民は国家のためにもっと役立つことができますよという国家側からのロマンティックな誘い水からスタートした。

しかし、そこには裁判員の眼前に展開される裁判、しかも重大犯罪に関する裁判の厳しさにかかる表現は全くなかった。

むすび

自律性と責任感を持った、損われた正義の回復作業への栄誉ある参加であったはずの裁判で、裁判員は心を病み、下した判断は「推認過程の全体を把握できる判断構造についての認識が示されていない」として否定されるということでは、裁判員への誘い文句がどんなにロマンティシズムに溢れていたとしても、やはり裁判員制度の誘い水は詐欺的甘言以外の何ものでもなかったということになろう。最近マスコミにも取り上げられた裁判員候補者の参加率の低下（本書64ページ）の傾向は、国民の本能的なこの制度に対する忌避的反応ではなかったかと思われる。

裁判員制度の制定は刑事裁判制度の大変革である。かかる変革を行う場合に最も重視されなければならないことは、国民が、司法の場に参加する意義を羅列することではなく、その変革によって公共の福祉の維持と個人の基本的人権の保障とを全うしつつ事案の真相を明らかにし、刑罰法令を適正且つ迅速に適用実現すること（刑事訴訟法第一条）にどれだけ貢献し得るかということである。特に刑事裁判制度の発展の歴史、つまり、本来は行政の分野に属することとされていたものが、裁かれる者の人権の保障の必要性から、民事訴訟に倣って当事者対立構造の方式をとる刑事裁判制度が採用された経緯を見れば、被告人の基本的人権の保障を全うし得ることにどれだけ貢献するものとなるかということでなければならない。

要するに、正しい刑事裁判の実現に効果があるかということであり、国民を上から目線で司法に参加させ、間違った刑事裁判につながる確率が高くなるような刑事裁判制度の変革は絶対に容認してはいけない。

今回の最高裁判決は裁判員裁判の事実認定に関する制度的能力の限界を示したものであり、この点からしても裁判員制度の存在意義はなく、かかる制度は本来の刑事裁判の在り方に照らしても、廃止されなければならないということである。

（二〇一八・二・一～三）

4　東電元役員に対する強制起訴事件無罪判決について

はじめに

二〇一一年三月一一日午後二時四六分、私は仙台駅近くのマンション8階の事務所にいた。突然の大きな揺れ、机の脇のロッカーが動き出し私の方に倒れそうになり、ふらつきながらも必死でそのロッカーを支えていた。転倒防止のビス止めなどをしていた書棚はもろくも次々と倒れ、本は散乱し、その後、水・電気・ガスの供給はストップして、仙台の都市機能は完全に麻痺した。これより先、一九七八年六月一二日にも震度5の地震（宮城県沖地震）に見舞われ、そのときも事務所の壁はひび割れ、水も電気も止まるという被害を受けてはいたが、3・11地震ははるかに強大で、これはただ事ではないと思い、すぐに事務員に帰宅を促し、今後の対応を考えた。夕方何とか車で帰宅できたが、テレビはつかず、ラジオでは地震の被害の状況はよく分からなかった。ただ、そのような中、寒い夜であったが外に出てみて天を仰いだ時の星空の輝きは、本当の夜空はいつもこんなに美しいものだったのかと感嘆すると同時にとても不思議な気がした。

しかし、その同じころ、私の長兄一家が住む福島県双葉郡大熊町の家から3㎞ほど離れたところにある東京電力福島第一原子力発電所は、炉心溶融、建屋爆発、放射性物質の大量放出の危険にさらされていた。兄ら一家は他の住民とともにまさにとるものもとりあえず遠方へと避難を余儀なくされた。長兄は、再び大熊町に戻ることは不可能と判断して建てたいわき市の家で、昨年（二〇一八年）五月亡くなった。

原発事故による死傷者の数は原爆によるものよりは少ないかもしれないが、その被害の範囲は原爆による被害を上回る。ある酪農家の主人は前途を悲観して自ら命を絶ったと伝えられた。国の支援を受けた東京電力による賠償金によっても、今なお続く被害、失われた人生、ふるさとは帰らない。

この原発を設置し被害の発生を防がなかった東京電力とその経営者らに対するそれら被害者の憤りが強いのは、当然のことである。

この原発事故は何故起きたのか。なぜ被害を最小限度に止められなかったのか。事故後、国会、政府、東電は、それぞれ事故調査委員会を設置して調査し、それぞれ報告書をまとめている。また、それらとは別に、第三者の立場で福島原発事故独立検証委員会が調査をしている。

東京地裁判決について

東京地裁は、二〇一九年九月一九日、東京電力元会長ら三人の業務上過失致死傷事件について、被告人全員に対しいずれも無罪の判決を言い渡した。

　判決の全文に接したわけではなく、新聞に掲載された判決要旨には公訴事実の内容の記載がないので、その要旨から訴因を推測する以外にはないけれども、おおよそつぎのようなものではなかったかと思われる。

「二〇一一年三月一一日三陸沖を震源とするマグニチュード９・０という、規模、震源域ともに国内観測史上最大の地震が発生し、高さ約13ｍの津波が東京電力福島第一原発を襲い、一～三号機は炉心冷却機能を喪失し、一号機、三号機、四号機は原子炉建屋が相次いで爆発し、二号機も水素や放射性物質を放出し、その結果、当時双葉病院や老健施設に入院入所していた計四四人が避難先等で死亡し、他に負傷者も出るに至った。同原発を設置し稼働させている東京電力の最高意思決定機関の地位にあった被告人らは、二〇〇八年六月から遅くとも二〇〇九年二月までの間に二〇〇二年七月に出された政府の長期評価等により福島第一原発に10ｍを超える津波の到来を予見し得たのだから、原発設置会社の最高責任者として本件事故時までには原発の安全対策を講じ、それが終了するまで原発を停止すべき業務上の注意義務があったのにこれを怠り、それによって上記四四名らを死傷するに至らせた。その行為は刑法二一一条に該当する」というものではなかったかと思われる。

　その無罪判決の理由は、要するに、被告人ら三人は、10ｍを超える津波が襲来する可能性に触れる長期評価について信頼性、具体性のある根拠を伴っているものとは認識せず、その認識がなかったとしても不合理とは言えない事実がある、運転停止すべき法律上の義務があったと認めることは困難というべきであり、発電所の運転停止を講じる結果回避義務を課すにふさわしい予見可能性があったと認めることはできない、仮に予見し得たとしても結果を回避することは可能だったとは認められないというものであると解される。

この判決に対しては、検察官役弁護士から東京高裁に控訴の申立てがなされ、この被告事件はさらに継続することになった。

審判されるべき事件と被告人

この刑事事件は、天災が大きく関係する巨大危険装置の事故に関するものである。この事件を考察する上で見逃してならないことは、その裁判の対象は、事故原因の特定、被害の内容、原発の安全性という歴史的事実の確定或いは科学的検証ではなく、公訴事実記載の訴因の存否とその法律的評価、そして起訴された自然人たる被告人だということである。確かに被告人らは、この危険装置を設置し稼働し、それによって利益を受けていた団体の最高の経営責任者たちであり、その責任者として最高度の安全確保の注意義務を有することは間違いない。しかし、人間の能力には限界があり、本件が認定された状況において仮にこの3・11の段階で被告人ら以外の者が被告人らと同じ立場にあったら果たして今回の重大な結果を招じさせる事態を避けることができたかと問うたときに、明確に可能だったと答え得る状況ではなかったのではないかと思われる。

　原発の設置、稼働は、その有する潜在的危険装置性によって、原子力基本法（昭和三〇年法律第一八六号）、核原料物質、核燃料物質及び原子炉等の規制に関する法律（略称原子炉等規制法、昭和三二年法律第一六六号）、原子力災害対策特別措置法（平成一一年法律第一五六号）、原子力損害の賠償に関する法律（昭和三六年法律第一四七号）等の法整備がなされていた。原子力基本法第一条は、「この法律は、原子力の研究、開発及び利用（以下「原子力利用」という。）を推進することによって、将来におけるエネルギー資源を確保し、学術の進歩と産業の振興とを図り、もって人類社会の福祉と国民生活の水準向上に寄与することを目的とする。」と定めている。

　原発の設置、稼働は民間企業に委ねられているが、その高い公共性の故に電力会社は電気事業法（一八条）により「正当な理由がなければその供給区域における一般の需要（……）に応ずる電気の供給を拒んではならない」とされ、また、同法一九条は、料金その他の供給条件は経産省令の定めによって経産大臣の認可に基づくこととされ、そこでは競争原理が殆ど働くことはなく、いわゆる総括原価方式と呼ばれる料金設定が認められるなど準国営企業とも言えるものである。本件の被告人らについては、本件事故時点で関係法令に違反し安全配慮義務を尽くさなかったとか、監督官庁からの原子炉運転停止等の明確な指示が出されていたのにこれに従わなかったなどの特段の違反があったとの公訴事実ではなかった解されるところからすれば、これら被告人らの刑事責任を問うことは極めて困難なことと考えられる。

この無罪判決については、告訴人はもとより、学者、弁護士、評論家、さらに新聞等のメディアは、批判というより非難に近い論調を展開している。

朝日新聞二〇一九年九月二〇日の社説には、「未曾有の大災害を引き起こしながら、しかるべき立場にあった者が誰一人として責任を問われない」との一文がある。その主張が判決批判の一論拠とすれば、それは大災害が発生したら誰かが人身御供にならなければならないという前近代的論理と言えるものであり疑問である。問題は、3・11の置かれた状況の中で被告人らは本件事故を回避する措置を講じ得たかということであり、東京地裁の判決はその訴因に焦点を絞って判断していると解されるものである。判決は理由中で、「当時の社会通念の反映であるはずの法令上の規制やそれを受けた国の方針の審査基準などの在り方は絶対的安全性の確保までを前提にしていなかったと見ざるを得ない」との部分（原文はそのような表現かどうかは分からないが。）にしても、前述の原子力災害対策特別措置法の制定などからすれば、原発について、国民の多数の意見によってそのような事故の発生の可能性を前提とする法整備をしていることからすれば、全く事故を起こすことのないものとの前提で国家がその存在を認めているものではないという意味でそのような表現も有り得るかとは思う。しかし、「絶対的安全性の確保までを前提にしていなかった」と表現することは、原発は安全でなくても良いという前提に立っていたかのように誤解される恐れがある点で適切ではなかったのではないかと思われる。

いずれにしても、私としては、このような無罪判決をすれば世間からの風当たりは強いことを承知しながら、裁判所は刑事事件としては正当な判断をしたのではないかと思っている。

強制起訴について

この事件は、検察審査会法第七章の規定による、いわゆる強制起訴事件である。検察審査会という組織は、検察官の起訴独占の例外としてその不起訴処分に対し、いわゆる民意によるチェック機能を果たさせようとして考案された我が国独特の組織である（拙著『裁判員制度はなぜ続く』１８３ページ以下「検察審査会制度を問い直す」参照）。実質的には行政組織でありながら監督官庁なるものは全くなく、その職務は裁判所の組織の一部ではないかと誤解され得る何とも曖昧な組織である。二〇〇四年の改正前は、その検察審査会の議決は検察官の処分を変更させる効力のない微温的なものであったことによってその組織の曖昧性はそれほど表面に出ることはなかったが、前記の改正により、第二の起訴権者としての力を得、指定弁護士による公訴提起とその維持によってその議決に重大な効果を発揮させることができることになった（播磨益夫弁護士は、起訴強制は違憲であると説く〔前掲拙著１９１ページ〕）。これにより、いわゆる公訴についての二重基準が認められることになった。検察審査会は全国に一六五あり、それぞれ全く独立し、厳しい秘密性を持ってそれぞれの審査業務を担当していることからすれば、極めて地域性の高いものであり、それ故にそれまでの全国的に統一された起訴基準は崩れることになった。私は、前記拙稿でその弊害を説き、新たな検察監視、不服審査機関創設の提言をした。

国の組織に市民たる素人が入れば、それは民意を反映し得る民主的な組織だと捉えられがちであるけれども、起訴される国民の立場に立てば、通常の公訴官によれば公訴されずに済むもの、本件ではたまたま東京地域の検察審査会による議決であったために起訴されたということであり、極めて不平等なことである。

前記の朝日新聞の社説の表現のような、被害がとてつもなく大きい、それでいて刑事責任を問える者がどこにもいない、それはおかしいとか、それに類するいわゆる民意によって、通常の公訴官によっては公訴されることはなかった国民が被告人の立場に立たされるということは、行政の平等性からしても許されないことではなかろうか。

柳田氏の意見

政府事故調の委員長代理を務めた柳田邦男氏は、朝日新聞（2019年9月20日付）への寄稿文の中で、この判決について「法律論からはかかる判断を仮に是としても、深刻な被害の実態の視点から考察するなら、たとえ刑事裁判であっても、刑事罰の対象にならないと結論を出すだけでよいのかと思う。」「問われるべきは、これだけの深刻な被害を生じさせながら責任の所在をあいまいにされてしまう原発事業の不可解な巨大さではないか。」「裁判官は歴史的な巨大な複合災害である事故現場や『死の町』や避難者たちの生活の現場に立ち、そこで考えようとしなかったのか。」と問う。そして結びとして、「判決文では、有罪・無罪に関わらず、この国の未来の安全と国民の納得・安心につながる格調の高い論述を展開してほしかった。」と述べる。

その趣旨は、判決においては被告人らの無罪の理由だけではなく、被害者の心情に寄り添った原発事業の不可解な巨大さに踏み込んだ思いやりのある判決理由を示してほしかったということであろうか。被害を受けた市民の立場からすれば当然の要求ではあろうが、同氏も述べるように「刑事責任追及の場と安全確立のための事故調査とでは追及の枠組みと結論の絞り方が本来異質」であって、刑事裁判についてはあくまでも被告人という人間の起訴された事実についてその刑事責任の有無のみが焦点であり、それ以上の見解の表明は越権にもなり得、かえって誤解を招きかねないこともあり相当ではない（なお、その柳田氏の論考の表題に「あるべき安全思想　欠く判決」とあるのは、柳田氏はそのような評価はしていないので、標題としては不適切であろう。）。

むすび

私のこの判決に対する上記の意見については、この無罪判決に批判的な人々やマスコミは、何を寝ぼけたこと言っているのだと批判するかも知れない。また、この危険な原発を容認するのかと憤る方もいるかも知れない。

しかし、私は、原発の安全性を認め、その設置、稼働を容認するものでは決してない。私はこれまでも折に触れ原発の危険性を説き、その設置稼働に反対してきた原発反対論者である。核の平和利用などという甘言に惑わされて原発を各地に造ることを容認した政治家、学者、マスコミに対しては、強い憤りを抱いている。

しかし、そのことと一市民たる被告人ら個人が刑事責任を負うべきか否かは切り離して考察すべきである。

この福島第一原発の事故は、放射能という、煮ても焼いても食えない代物（私が以前聞いた故木村一治東北大学教授の話）、人類と共存できない危険極まりない装置の設置を認め、またこれを金儲けの手段とすることを容認した者らに最大の責任があると考える。

かつて（一九五五年段階で）、哲学者のハイデッガーは、原子力の平和利用について「決定的な問いはいまや次のような問いである。すなわち、我々は、この考えることができないほど大きな原子力といった、いかなる仕方で制御し、操縦できるのか、そしてまたいかなる仕方で、この途方もないエネルギーが──戦争行為によらずとも──突如としてどこかある箇所で檻を破って脱出し、いわば『出奔』し、一切を壊滅に陥れるという危険から人類を守ることができるのか？」と説いていた（國分功一郎『原子力時代における哲学』晶文社、79ページに引用されている。）。この福島の原発事故は、スリーマイル（一九七九年三月二八日）、チェルノブイリ（一九八六年四月二六日）とともに、そのハイデッガーの危惧が正に現実のものとなったということである。

原子力資料情報室という民間の組織を作り、最後まで熱意を持って反原発を説き続けてあまりにも早く亡くなられた高木仁三郎氏（二〇〇〇年没）や、「はんげんぱつ新聞」の発刊者久米三四郎氏（二〇〇九年没）らがもしご存命なら、この現状を何と評するであろうか。

スリーマイル、チェルノブイリ、そしてフクイチと、人間のコントロール不能な巨大事故を経験しながら、そして高レベル放射性廃棄物の処理方法も確立されず、且つ、一基の廃炉に四〇年余の年月と莫大な費用を要するとも言われている原発を、この過酷な事故の示す教訓から故意に目を逸らし、今なお原発をベースロード電源などと言って、原子力基本法を温存し、原子力規制委員会という名の原発推進機関を作り平然としている政治家ら、及び原発によって利益を上げ続け、設置自治体と不明朗な関係を築き上げている電力会社の存在を容認することは到底できない。

「失敗学」を提唱する東京大学名誉教授の畑村洋太郎氏は、朝日新聞（２０１９年10月18日付）のオピニオン欄で、「最近は原子力政策を進めた政府がおかしい、業界がおかしいという前に、自分の目で見て、自分でちゃんと考える国民がいなかったのが最大の要因だと思うようになりました。」と述べている。民主主義国家においては、悪政の責任は究極的には国民にある。しかし、それを言えば、太平洋戦争の一億総懺悔論に通じ、結果的に誰も責任を問えなくなる。やはり、代議制民主主義の下では国民から政治を委ねられた者の国民に対する責任を曖昧にすることは許されない。単に東電の元幹部三人に刑事責任を押し付けることは、この原発事故の真犯人を野に放しておくのと同じことである。

小泉純一郎元総理は、在任中の己の不明を告白し、今は熱心に反原発を説いている（『原発ゼロ、やればできる』太田出版）。原発の設置を容認してきた為政者、学者、マスコミなどは、最低限、小泉氏のように潔く己の非を認め、即刻全原発廃止に舵を切り、二度と過ちを繰り返さないことを誓い、国民に謝罪すべきであろう。

これ以上、この美しい地球を汚し、破壊させてはならない。

司法が民意と称される一部の素人の意見に左右されることは、裁判員制度を含め、決して正しいこととは考えられない。

（二〇一九・一一～一二）

第2章　裁判員制度と国民

1 最高裁による裁判員出席率・辞退率の調査について

はじめに

今年（二〇一七年）五月二一日の新聞各紙に、久しぶりで裁判員制度に関する記事が載った。朝日新聞の見出しは「裁判員の辞退者増64％・審理長期化が影響—最高裁調査」とあり、私の地元の河北新報では「冷める関心—出席率低下—審理長期化、雇用情勢変化が影響—最高裁報告書」とあった。時事通信のネット配信記事も同様であった。そのちょうど一年前（二〇一六年五月二一日）の朝日新聞には「裁判員候補者4割が無断欠席—制度スタート7年—最高裁が対策検討へ」という題の記事が掲載されていた。

昨年六月二二日NHKの「視点・論点」という番組で、二〇一五年の同番組に引き続いて裁判員制度を推進する国学院大学四宮啓教授が「裁判員制度・国民の参加を促すには」と題して、辞退率が年々上昇して六五％を超え、欠席率も四〇％に達しているとの現実を紹介したうえ、国民参加を促す改善策として、裁判員経験者の良い体験を共有させることが必要であり、そのためには裁判員の守秘義務のあり方を変える必要があると独自の説を展開している。

本稿は、最高裁が裁判員辞退率の上昇・出席率低下の原因分析作業を㈱ＮＴＴデータ経営研究所に依頼したことについて検討するものである。以下では辞退率・出席率を合わせて「参加率」と略称する。

調査の手法

調査は、先ず、二〇〇九年から二〇一五年までの辞退率（選定された裁判員候補者数に対する、辞退が認められた裁判員候補者の総数の割合）、出席率（選任手続期日に出席を求められた裁判員候補者数のうち、現実に選任手続期日に出席した裁判員候補者数の割合）の推移を図表と数値で示し、辞退率は年々上昇し出席率は年々低下していると指摘したうえ、その要因として五つの仮説を立て、過去に行った最高裁の調査データに独自のアンケート調査結果等を踏まえて分析し、仮説と結果との相関関係の有無やその程度について見解を示すという手法をとっている。

調査の手法として立てられた仮説

立てられた仮説は以下の五項目である。

①審理予定日数の増加傾向
②雇用情勢の変化
③高齢化の進展

④国民の関心の低下

⑤名簿規模の縮小に伴う年間名簿使用率の上昇

四宮教授が繰り返し述べている守秘義務に関することは、仮説には取り上げられていない。あげられた仮説は、いずれも現制度には手を付けない内容のもの、つまり制度自体の存否に関わる事項や制度の手直しを要する事項ではない。制度に手を付けたり、それについて意見を述べたり出来ない制度運営者側による調査であれば、やむを得ないことなのかもしれないが。

仮説についての結果

今回の調査における前記の参加率低下の原因に関する仮説について、調査会社の判断はいかなるものであったか。「①審理予定日数の増加傾向とは『弱い相関』がある。②雇用情勢の変化とは『強い相関』がある。③高齢化の進展とも『強い相関』がある。④国民の関心の低下については可能性は否定できない。⑤名簿規模の縮小に伴う年間名簿使用率の上昇とは『弱い相関』がある。」というものである。

仮説に基づく対策

さて、それでは最高裁判所は、このような調査結果を示されて、参加率の上昇のために今後いかなる手を打てるであろうか。せっかく行ったこの調査の結果を有効活用することは出来るであろうか。

審理予定日数の増加傾向については、本来裁判員裁判だから審理に手を抜くなどということの許されないことは明らかであるから、その日程の短縮は有り得ない。制度当初言われていた「一件の審理日数平均三、四日」などというのは本来許されないことであった。

雇用情勢の変化、高齢化の進展は、裁判所としては手の打ちようもないことである。弱い相関しか見られなかった名簿規模の縮小については、今さら予算を増額して抽出数を増加させるなどということも無意味であろう。

国民の関心の低下については可能性が否定できないと言っても、元々国民の求めた制度ではなく、さしたる必要性もなく、しかも緊急性ゼロなのに拙速で立案・立法化されたものであり、先の大法廷判決によれば「その目的を十全に達成するには相当の期間を必要とすることはいうまでもない」制度であれば、今何らかの策を講じて国民の関心を呼び起こすことなどできるものではない。国民の関心は元々なく、これ以上低下しようもないほど低かったものであり、今さら低下をしたか否かを仮説として取り上げることも憚られることではなかったかと思う。そのことは調査者も、その委託者である最高裁も十分に分かっていたであろう。

それでもかかる上記の仮説を掲げたということは、この調査は、裁判員制度の円滑な運用に資することを目的とするというよりは、制度の不人気のために参加率の向上の目処が立たない状況であっても、最高裁としては制度運用者である立場上何らかの対策を講ぜざるを得ず、参加率の向上にはそれなりに努力している、前記二〇一六年の朝日新聞の記事にあるように「対策の検討」はし、それを実行したという一種のアリバイ作りを図ったのではないかと忖度する。

要するに最高裁判所としては手の打ちようがない、ということになるのではないか。現時点では最高裁が何らかの対策案を示したとの情報には接していない。

参加率データの示すもの

ところで、上記の参加率に関する調査結果を見て、制度の肯定・否定の立場を超えて上記の仮説として取り上げられた事項を思い浮かべた人はどれほどいたであろうか。

裁判員候補者を、衆議院議員選挙権を有する者から無作為抽出し、抽出された者には原則として裁判員となる義務を課すことを骨格とする裁判員制度の趣旨が、「国民すべてが等しく司法に参加する機会が与えられ、かつその責任を負うべきであること」「その実効性を確保すべき」こと（司法審意見書）からすれば、参加率の低下、特に無断欠席が増大傾向にあるというデータの示すものは、裁判員制度は国民参加の実効性を確保し得ず既に破綻していることを示していると捉えこそすれ、とても前記の仮説に思い至る人は少ないのではなかろうか。

この調査に表れたデータは決して意外なものではない。司法審が裁判員の出頭義務を提案し、その立法化に際しては、義務化しなければ、裁判員となる者を確保し得ず、裁判員は物好き、日当稼ぎなどに偏ってしまうことが予想され、それ故に不出頭防止、参加者の均質性確保の手段として過料の制裁という措置を講じたはずだったのに、法施行後この方、不出頭者に対し一度も過料の制裁が科されたことはなく、あまつさえ、例の裁判員制度大法廷判決（二〇一一年一一月一六日）が、上告趣意にはなかったから本来は判示すべきではなかった憲法一八条と国民が裁判員となることとの負担との関係について「裁判員の職務等は、司法権の行使に対する国民の参加という点で参政権と同様の権限を国民に付与するものであり」と態々判示し、国民が裁判員となることが「義務」であるとか、「強制」だなどという言葉を一切使わなかったことにより、参加率について低下傾向が続いている、つまり制度の「実効」が上がらないことは至極当然のことであった。

今回の参加率のデータが示すものは、今回のような仮説を立ててその原因を探求すべきことではなく、元々国民の与り知らないところで全く民意には関係なく「司法への国民参加」という、いかにも民主的らしい耳当りの良い言葉に流されて、国会では慎重な審議をすることなく裁判員法を成立させてしまったこと、予定されていた過料の制裁という義務化の実効手段の行使もなく、前述のように最高裁が実効手段行使の論拠を自ら放棄したことに起因しているのはまず間違いがない。予想されていた結果が現実のものになったというだけのことである。

今後の対応はいかに

もとより、このように言うことは、制度の原点に立ち返って無断不出頭者に対してはびしびしと過料の制裁を科せというのでは決してない。

裁判員法案は、国会審議の過程で野沢法務大臣が説明しているように「現在の裁判は基本的には国民の信頼を得ているもの」との状況認識の下に提出されたものであり、既に司法への国民参加制度のある諸外国とは異なり、国民の湧き上る司法制度変革の声に押されて出来上がったものではない。その点では、本来立法は民意の反映であるべきとの民主政治の本来のあり方からすれば、明らかに非民主的なものである。立案者自身が自白しているように、そもそもこの制度は国民に対し義務化しなければ実効性を確保し得ないものであるのに、その義務化を裁判所はさすがに正当なこととは解しえず、運用上実行できなかったのである。国民の参加率の低調は当然のことであった。

今回の調査の意義

上述のところからすれば、今回の最高裁が行った調査委託は一体何のためにしたのか、不可解としか言いようがないであろう。

前記五つの仮説は、最高裁の提示したものか調査会社の独自のものかは分からない。しかし、制度に内在する問題に原因があるかどうか、例えば前記の四宮教授の守秘義務の緩和の問題（私は見当違いと考えるが）さえも取り上げなかったということは、この仮説は、前述の調査者の立場上調査委託契約の内容として初めから制度問題には切り込まないという条件付ではなかったかとの疑いを持つ。

たまたま手元に二〇〇九年一月一四日の朝日新聞地方版の記事がある。仙台市民一〇〇〇人を対象に調査した結果の記事であり、その見出しに「裁判員参加8割消極的……不安なお」とある。一地方の調査結果とは言え、法施行目前においてこの制度に向き合う市民の感覚を表しているデータとして無視することはできないであろう。今回の調査の出頭者数の中には裁判員となることについて否定的であっても裁判員候補者呼出状で、不出頭については一〇万円以下の過料の制裁をちらつかされたことにより、それを免れようとして止むを得ず呼出しに応じた、つまり不本意ながら不出頭を避けた裁判員候補者が何割かはいたであろうことを考慮に入れれば、この制度施行前の八割という消極派の数字はそのまま上記参加率を示していると言えるのではないであろうか。

この参加率に関する数値は、仮説としてあげられた事項とは無縁の、制度そのものに対する国民の認識、司法制度として何故そのようなものが必要なのかという国民の疑念の表れとしか解し得ない。

参加率の低いことをどう捉えるか

例の大法廷判決は言う。「我が国の刑事裁判は裁判官を始めとする法曹のみによって担われ、詳細な事実認定などを特徴とする高度に専門化した運用が行われてきた。司法の役割を実現するために、法曹のみによって実現される高度の専門性は時に国民の理解を困難にし、その感覚から乖離したものにもなりかねない側面を持つ」と。その判示部分は前後部分を含めて極めて政治的な判示であって、上告審判決としては、上告趣意とは全く無関係且つ不必要な判断部分であり、その判示自体納得できることではないけれども、それはさておき、その判示は要するに、裁判員制度は高度に専門的であることによる法曹のみによる司法の問題であるところの国民の理解の困難性、国民の感覚からの乖離の解消に役立つということのようである。

理解の困難性の解消については、何故素人を裁判に参加させなければ実現できないのか、裁判員となった僅かばかりの素人に理解させたところで司法を国民に理解し易くできるとどうしていえるのかの説明がない。国民が裁判の理解に困難さを感じるというのであれば、法曹自体の努力・工夫でいくらでも理解し易いように説明できるのではないか、その努力をまずすべきではないかということになろう。

また、国民の感覚から乖離しているというけれども、本来、司法というのは、多数の民意に従えば良いものではなく、仮にそれが少数派に属する意見であったとしてもその正当性の認められるべき分野である。国民の感覚に迎合すべき分野ではない。司法が従うべきは憲法と法律のみなのであり、それ故に、国民の代表が制定した法令をも違憲と判断し得る権限が憲法によって与えられている。国民の感覚と乖離したからといってそれを何故改めなければならないのか。前記大法廷判決の数々の問題性についてはこれまで繰り返し論じてきたけれども、前記の判示はこの点からしても到底受け入れられないものである。

法に関する専門性が必須であるというのであれば、法に関する専門性のない素人が裁判をすること、評議に参加し量刑をも担う制度、つまり素人が裁判官となる制度は何故に必要であり是認できるのかについての納得のいく説明はなかった。立案当初から裁判員制度制定の立法事実も明確ではなかった。そのため多くの一般国民が前述のように裁判員制度についてその意義に疑問を感じ、施行直前において八割の人々がその参加に消極的意向を明らかにし、さらに今回の調査では参加率の低下傾向が明らかな数値に表れたということは、身の程をわきまえている一般市民がこの国にはいかに多いかということである。参加率の低いこと自体はむしろ望ましいとさえいえることであり、殊更にそのことを問題視して貴重な国費を投じて民間業者にその原因調査を依頼するようなことではなかったのではないであろうか。

ともかく、参加率低下に歯止めのかからない裁判員制度は、制度自体が立ち行かなくなっていることを示している。正に落日にあることは間違いがない（『判例時報』２３１２・２３１３号、大久保太郎元東京高裁判事論稿）。

（二〇一七・九～一〇）

2　裁判員の職務の苦役性について

――柳瀬昇教授の「続：裁判員制度の憲法適合性」の論点に関連して

はじめに

柳瀬昇教授の論説「裁判員制度の憲法適合性」（『日本法学』82巻3号、以下「3号論説」という。）については、二〇一七年六月から「司法ウオッチ」に私の見解を述べさせていただいた（本書132ページ）。同氏はその論説のなかで、最高裁大法廷判決（二〇一一年一一月一六日）の判示のうち、裁判員の職務の苦役性に関する点については別に検討課題として論じることを述べていた。本稿の副題の論説（『日本法学』82巻4号、以下「本論説」という。）は、その検討課題についての論説である。そこでは、そのほか被告人の裁判の選択権の問題をも論じている。本稿はその柳瀬氏の見解のうち、裁判員の職務の苦役性に関する部分の見解について疑問点を指摘し論じようとするものである。選択権の問題については、拙著『裁判員制度廃止論』（174ページ以下）で既に詳述しているので、ここでは取り上げない。

本論説の内容について

柳瀬氏は３号論説で、大法廷判決が、この裁判員の職務の苦役性について、それが上告趣意には含まれていないものであるのに上告趣意として取り上げている点についての判決擁護論を展開していることに対し、私はその論拠の誤りであることを既に指摘した（本書１３２ページ）。本論説で柳瀬氏は、「平成二三年最高裁大法廷判決に係る事件の弁護人も、裁判員としての職務等が『多種多様の法的制裁（過料など）をちらつかされての義務として押しつけられた「苦役」であ』り、『この「苦役」とは憲法一八条の……「苦役」と同じ意味内容である』と主張している。」と記し、それに引き続いて「平成二三年最高裁大法廷判決では、この論点についての最高裁判所の判断が示されている」と記す。

その柳瀬氏の表現自体にはほぼ誤りはないけれども、そこでは肝心の事実が伏せられている。この弁護人の主張と、それに対応して示されている最高裁の判断なるものを読んだ読者は、その部分をどのように理解するであろうか。弁護人の上記主張を上告趣意と解し、最高裁はそれに対して判断を示したものとは解さないであろうか。しかし、それは誤りであり、正確には上記の弁護人の表現は上告趣意としての表現ではない。拙著『裁判員制度はなぜ続く』（以下単に「拙著」という。）でも引用したが（１０９ページ）、その表現に続けて、同弁護人は「その苦悩の小見出しを付して、「したがって、裁判員たちが、仮に憲法違反の認識を抱いていたとしても、目前の法的制裁の方を遙かに恐れて、その認識を『裁判員参加の拒否』という実行為に移す勇気や決断がなかったことは優に推察できる。……辛く苦しい回答書を裁判所へおずおずと返送した多くの人たちに『お気の毒ですね。不運ですね』という深い同情を覚えた。このようなことからして、千葉地方裁判所の裁判員たちに憲法違反の責任を負わせることは、だれにもできない」という文脈の中で述べられている言葉である。

要するに、上告趣意としてではなく、参加した裁判員は、憲法違反の職務を担当することとは分かっていても制裁が怖いから担当したのだから、それらの人々に憲法違反の責任を負わせることはできない、裁判員は悪くありませんよと言っているだけである。どこにも、裁判員の職務が憲法一八条違反だから原判決は破棄されるべきだなどとは述べられていない。

また、最高裁判所のその論点についての判断とは、そのような上告趣意ではないものを勝手に上告趣意として作り上げて示されたものである（拙著108ページ以下）。柳瀬氏は、3号論説の中で、弁護人が上告理由として憲法八〇条一項本文前段と七六条一項、二項の二か条のみの憲法適合性を争点化しようとしたことを認めていた。そのことは憲法一八条が上告趣意に含まれていなかったことを十分に認識していたということである。そうであるのに、弁護人の主張を上告趣意と誤解されるような、且つ、最高裁の判断がその上告趣意に対するものであるかのような表現を用いたことは、真実の探求者としてはいかがなものかと思う。

訴訟上の論点について

柳瀬氏は、裁判員の職務の苦役性に関する憲法問題について、訴訟法上の問題と実体的な問題の二点を論ずる。

訴訟法上の問題というのは、裁判員の職務が苦役であるから憲法一八条に違反するという問題は、裁判員が訴えるならいざ知らず、苦役に晒されていない被告人が上告趣意とすることは許されるのかという上告理由適格の問題である。

確かにかかる問題も検討を要するものではあるが、訴訟法上の問題を論ずるのであれば、上告趣意とすることを弁護人が明確に避けた、つまり、最高裁判所に対し態々判断してもらう意思はありませんよと断りを入れた点について、最高裁が、それを勝手に上告趣意として構成し判断を示したことの問題性こそ、徹底的に解明すべきではなかったろうか。特に、柳瀬氏はその点について、「本件では争点を提起する適格性を理由に実質的な判断を行うべきではなかったと解しているところからすれば、上告趣意とはされていない論点についても判断すべきではなかったとはっきりと言うべきではなかったろうか。ましてそれが原審で主張されなかった論点であれば、なおさらのことではなかったかと考える。

実質的な論点について

柳瀬氏は、大法廷判決が判示する、「司法権の行使に対する国民の参加という点で参政権と同様の権限を国民に付与するものであり、これを『苦役』ということは必ずしも適切ではない」との一文を取り上げ、結論として「通説としての（選挙権に関する）二元説は、『選挙権が公務執行の義務たる性質を強くもつとしても、それは「道義的な義務」であり、法律によって強制される「法律的な義務」だと考えるのは正当ではない』と解しているため、立法裁量論によって裁判員の職務等を『法律的な義務』とすることは直ちには正当化されない。」と説く。

最高裁判決は「参政権と同様の権限を国民に付与するもの」と表現し、道義的とか法律的とかには関係なく、「国民に義務を課すもの」とは全く述べていない。それは国が国民に対し与えた恩恵（四宮啓教授のいわゆる「プラチナチケット」）だと言わんばかりのことを言っている。つまり大法廷判決の示す「参政権と同様の権限の付与」との表現は、国民を裁判員に強制することはしません、なりたい人だけなって下さいという意味以外のものではない。

苦役に関する通説は「広く本人の意思に反して強制される労役」を指す。最高裁判所は、「裁判員となることは国民の権限であるから本人の意思に反してまで担当していただかなくても良いですよ」とこの国民の司法参加を解しているから、裁判員の職務は義務ではないし従って苦役でもないとの結論になるのは論理の必然である。裁判員の職務を担当して急性ストレス障害になるのは参加したのが悪い、具合が悪くなっても辞退しなかったのが悪い、断ってくれれば良かったまでのことであり、その職務内容そのものは苦役ではない、これが最高裁の裁判員の職務と苦役に対する基本的なスタンスだということである（前掲拙著『廃止論』198ペー

書評・記事掲載情報

◉ 毎日新聞「著者のことば」欄　リアド・サトゥフさん　2019 年 11 月 12 日

未来のアラブ人ー中東の子ども時代（1978 ― 1984）リアド・サトゥフ 作　鵜野孝紀 訳

シリア人の父とフランス人の母の間に生まれた漫画家の自伝的一冊だ。パリの大学での両親のなれそめから、フランス、シリア、リビアで過ごした自身の6歳頃までの暮らしがユーモラスな絵と言葉でつづられる。

「小さいころの記憶は鮮明です。感覚や匂いなど私が覚えているものを、正直に反映させたいと思いました。不正確な部分があってもかまいません。自分のために描きたかったのです」と話す。

＜中略＞

題名は、アラブ世界が古い習慣から抜け出し、発展するように願った父が、息子を「未来のアラブ人」に教育しようとしたエピソードに基づく。「父の考えは民族主義的なものによっています。しかし、漫画を描くことこそが私のアイデンティティー。フランスかシリアか、どちらかの国を一つに選ぶといったものではありません」。そう言い切る姿勢が、笑いと鋭い観察眼に満ちた作品世界を支えている。（広瀬登）

◉ 週刊文春　鹿島茂「私の読書日記」　2019 年 8 月 29 日号

未来のアラブ人ー中東の子ども時代（1978 ― 1984）リアド・サトゥフ 作　鵜野孝紀 訳

＜前略＞

おもしろい！ 帯に「フランス発 200 万部の超ベストセラー」とあるのもむべなるかなである。

＜中略＞

小説でもなく映画でもなく、バンド・デシネによる自伝はアラブ世界とフランスの対比を目が覚めるほど新鮮に描き出している。（鹿島茂・仏文学者 / 明治大学教授）

◉ 共同通信配信　2020 年 1 月

歴史が眠る多磨霊園　小村大樹 著

東京郊外の多磨霊園は 1923 年に開園した公園墓地。交通の便が悪かった当初は不人気だったものの、日露戦争の英雄・東郷平八郎がこの地に葬られたことで一転したという。

本書は同霊園に眠る著名人の墓探訪記。遺骨が盗まれた三島由紀夫、長谷川町子。＜中略＞ソ連から受け取りを拒否されたゾルゲの遺骨や、二・二六事件の被害者、関係者も。

墓からたどる人物近代史になっている。

花伝社ご案内

◆ご注文は、最寄りの書店または花伝社まで、電話・FAX・Eメール・ハガキなどで直接お申し込み下さい。
（花伝社から直送の場合、2冊以上送料無料）

◆花伝社の本の発売元は共栄書房です。

◆花伝社の出版物についてのご意見・ご感想、企画についてのご意見・ご要望などもぜひお寄せください。

◆出版企画や原稿をお持ちの方は、お気軽にご相談ください。

〒101-0065　東京都千代田区西神田2-5-11 出版輸送ビル2F

電話　03-3263-3813　FAX　03-3239-8272

E-mail　info@kadensha.net　ホームページ　http://www.kadensha.net

韓国市民運動に学ぶ

政権を交代させた強力な市民運動

宇都宮健児 著
1500円+税　四六判並製
ISBN978-4-7634-0916-4

強力な市民運動は韓国の政治・社会をどのように変革したか?

1650 万人が路上に溢れ出た、ろうそく市民革命の源流をたどる。
ハンギョレ新聞への寄稿文『徴用工問題の解決に向けて』収録!

若者保守化のリアル

「普通がいい」というラディカルな夢

中西新太郎 著
2000円+税　A5判並製
ISBN978-4-7634-0908-9

壊れゆく日本社会を生き延びる若者たちの変化

ラディカルな保守志向が現実政治に対する批判へと転回する契機はどこにあるのか?

東大闘争から五〇年

歴史の証言

東大闘争・確認書
五〇年編集委員会 編
2500円+税　A5判並製
ISBN978-4-7634-0902-7

東大の全学部で無期限ストライキ……東大闘争とは何だったのか?

半世紀をへて、いま明かされる証言の数々。学生たちはその後をどう生きたか。

自衛隊も米軍も、日本にはいらない!

「災害救助即応隊」構想で日本を真の平和国家に

花岡しげる 著
1500円+税　四六判並製
ISBN978-4-7634-0914-0

護憲派のための究極の安全保障論。自衛隊を非軍事組織「災害救助即応隊」に衣替え!

望月衣塑子氏推薦!「9条の理念をいかに守り、体現していけるのか、本書にはそのエッセンスが詰まっている」

新版 ショック!やっぱりあぶない電磁波

忍びよる電磁波被害から身を守る

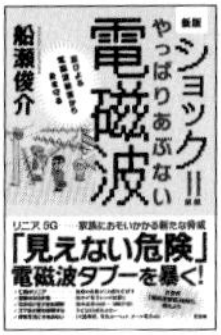

船瀬俊介 著
1500円+税　四六判並製
ISBN978-4-7634-0913-3

リニア、5G……家族におそいかかる新たな脅威

「見えない危険」電磁波タブーを暴く!

次世代「電磁波被害」を知り、備えよう。

自閉症の子どもたちと〝恐怖の世界〟

これで自閉症がわかる!

白石勧 著
1500円+税　四六判並製
ISBN978-4-7634-0911-9

自閉症児をとりまく〝恐怖の世界〟とは?

恐怖症の克服で重度の自閉症の子どもでも 言葉が増える! 偏食が治る!問題行動が減る!

歴史が眠る多磨霊園

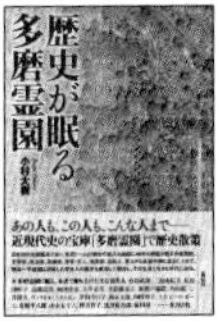

小村大樹 著
1800円+税　A5判並製
ISBN978-4-7634-0906-5

あの人も、この人も、こんな人まで—近現代史の宝庫「多磨霊園」で歴史散策

明治～平成期に活躍した著名人の墓所を厳選して紹介し、その生涯と生きた時代に迫る。

ムンサラット・ロッチとカタルーニャ文学

保崎典子 著
3000円+税　A5判上製
ISBN978-4-7634-0899-0

激動のカタルーニャ現代史の中でいま蘇るムンサラット・ロッチの文学と思想

戦後世代のフェミニストとして女たちのアイデンティティを問い続けた作家の文学と思想を紹介。

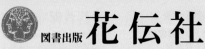

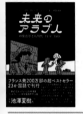

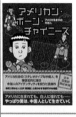

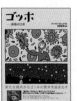

ジ以下）。

なお、柳瀬氏は、「現裁判員制度の設計に深く関与し、推進する立場だった最高裁が、辞退に関して柔軟な制度を設けられていることを強調するのは政策的に妥当といえるか否か、疑問なしとしない」趣旨のことを述べる。この指摘には重大な問題が潜んでいる。最高裁は裁判員制度の制度設計という、国策の推進に深く関与した事実の存在を断定していることがその一つである。さらに、その点についての問題性を指摘することなく、最高裁は、司法府としても、自ら設計した制度の方向と異なる意見を述べることは政策的に妥当といえるかとの疑問を呈していることである。最高裁は、違憲立法審査権を行使し得るものとして、本来、制度設計にかかわるべきではなかった（拙著141ページ以下）。それ自体も問題であるが、仮にかかわったとしても、立法府の成立させた法律に対しては、司法府として、以前制度設計段階でどのように関与したのかなどにかかわりなく白紙の状態で独立して違憲性の審査をなすべきものである。「政策的に妥当か否かなどを考慮することは許されないことである。「政策的に妥当といえるか否か疑問なしとしない」との意見は、あまりにも軽率不適切なものである。

なお、最高裁の苦役に関する判示は、柳瀬氏も述べるように、最高裁が真正面から取り組み緻密な理論構成によって出された結論ではない。肩すかし的、極めて政策的な判示であることは間違いない。

平成二六年福島地裁判決について

本論説は、福島地裁平成二六年九月三〇日判決（『判例時報』２２４０号１１９ページ）を取り上げている。この事件は、裁判員として強盗殺人被告事件に関与し急性ストレス障害になった女性が提起した国家賠償請求訴訟に関するものであり、私外一名が一審原告訴訟代理人についた。柳瀬氏は、この国賠事件判決が「制度の憲法適合性等をめぐって丁寧な判示が行われており、十分な考察に値する。」と評しながら、紙幅の制限もあってか判決の判示内容の紹介に留まり、十分な考察をした痕跡はない。

私は、この福島地裁判決については既に論評した（拙著60ページ以下）。柳瀬氏には、その私の論評とこの福島地裁判決について「十分な考察」をしてほしかった。そうすれば、裁判員制度そのもの、裁判員の職務の苦役性の問題がより鮮やかに浮かび上がったであろう。

むすび

柳瀬氏の引用する参考文献は実に多岐、多数にのぼっており、学者とはこういうものかと感心する。しかし、私の拙い論考を取り上げていただけなかったことはちょっぴり寂しい思いがしたし、柳瀬氏本人の明確な結論を聞くことができなかったことも残念であった。学説として多様な意見のあることを紹介して、それを社会・学会への問題の提起として多くの人々の考察の対象にしてもらうことも学者としては大切な役目なのかも知れないが、職業柄これまで長く勝ち負けの結着を経験してきた私としては、どうしても物足りなさを感ぜずにはおられなかった。

しかし、それは、本説では取り上げられなかったが、同氏が持論とされる共和主義的憲法観に基づく討議民主主義理論による裁判員制度の意義（『法律時報』２００９年1月号等）を認めているからであろうとは思われる。緑大輔一橋大学准教授も同様の立場をとる（『法律時報』77巻4号40ページ、当時広島修道大准教授）。しかし、その点については、裁判員制度に肯定的な新屋達之教授でさえ種々疑問点を提示していること（『大宮ローレビュー』第9号２０１３年）、その疑問点はいちいち尤もと解されること、基本的に刑事裁判というものが市民の参加による公共的討議の場としてふさわしいという考えそのものに疑問があることなどから、とても支持し得ないものであることをここに指摘する。

柳瀬氏は、本論説の論調としては、裁判員の職務の苦役性自体については肯定的、つまり苦役だと受け止められるようである。私は、義務化された裁判員の職務が苦役以外の何ものでもないことは、制度の運用の実情がどうあれ、否定し得ないと考えるものであり、その点では柳瀬氏に同調できる。しかし、上述のように、討議民主主義理論によってその苦役を国民に課し得るとの考えには到底同調できない。

最近、裁判員制度について論じられることはめっきり少なくなった。既成のことであり、今更論じる価値はないと思われているのかも知れない。しかし、立案、立法当時指摘された問題はなんら解決されていないし、むしろ、参加する国民の減少により制度は危機的な状況にあると言ってよく、定着したなどとはとても言える状況ではない。そのような状況の中で、柳瀬氏が裁判員制度問題を引き続き取り上げ論じられていることについては敬意を表したい。

（二〇一八・一一～一二）

3　裁判員経験者の「よかった」感想について

はじめに

最高裁判所は毎年、裁判員と補充裁判員経験者に対しアンケート調査を実施し、その結果を公表している。

その質問事項には、「裁判員として裁判に参加した感想」があり、補充裁判員に対しても同様の質問事項がある。そのアンケートの選択肢は、回答から、「非常によい経験と感じた」、「よい経験と感じた」、「あまりよい経験とは感じなかった」、「よい経験とは感じなかった」、「特に感じることはなかった」、「不明」の六択と思われる。二〇一六年の回答は、「非常によい経験と感じた」と「よい経験と感じた」の回答を合わせると96％になる。その傾向は、制度開始以来殆ど変っていない。

かつて、四宮啓国学院大学教授は、「裁判所から通知が来たら『自分と社会を変えるプラチナチケット』と受け止めてほしい。」と述べていた（2007年12月30日朝日新聞）。また、同教授は、二〇一五年六月一二日のNHKの番組「視点・論点」で、「裁判員を経験した方の感想は毎年95％以上の方がよい経験だったと答えており、これは制度導入以来一貫しています」と紹介し、それでも辞退率が向上しているのはこの裁判員経験者の「よい経験だった」という思いが社会で共有されていないことを示しているのではないかと話していた。

朝日新聞のコラム「耕論」に、ある女性裁判員経験者の声が掲載されたことがある（2015年11月18日）。「3日目に判決を終えると達成感でやってよかったと心から思いました。」と述べながら、それでもその後、「知識もないのに人の人生を左右する判断をしてしまったことに悩み苦しむようになった時、検察官に会う機会がありました。『裁判員をして何かいいことがあるでしょうか』と尋ねると、その検察官は言いました。『犯罪を他人事と思わない人が増えれば、犯罪の抑止力になる』。小さな一歩かもしれないけれども、自分の経験は社会のためになる。ようやく終着点を見つけた気がしました。」と記されていた。

人は誰でも、日頃味わえない経験をすれば、それが不慮の出来事のような危険を伴うものでもない限り、人生一度きりの貴重な経験をして（させてもらって）本当に良かったと思うのは当り前の感想であろう。しかも、裁判官席に一般市民が座り、罪を犯した疑いで法廷に立たされる人間に対し、裁く立場、いわば権力を有する強者の立場で対するなどという経験は、長い人生の中でも確率は極めて低く、そのような千載一遇とも言えるチャンスを得ることは宝くじに当たるよりも貴重な経験であろう。四宮教授が、プラチナチケットをもらったようなものと言うのも分からないではない。人にはまた、自己の経験がいかなるものであろうと、プラスに捉えたいという心理がある。

最高裁判所は、これまで毎年、恐らく前例踏襲のお役所的慣習からか、アンケート調査で同じ発問を繰り返している。かかる最高裁の行為に関して市民として何も発言しないでよいのか、その行為を是認していると誤解されてはいけないのではないかと思い、以下にその問題点を指摘することとした。

裁判員制度の存在意義？

前述の朝日新聞のコラムに掲載された裁判員経験者の「犯罪を他人事と思わない人が増えれば、犯罪の抑止力になる」との検察官の説明に裁判員制度の終着点を見つけた気がしたとの記述は、法案審議時の野沢法務大臣の「裁判員を経験した方々に社会秩序や治安あるいは犯罪の被害や人格といった問題について自分たちにもかかわりのある問題としてお考えいただく契機になるものと考えている」との発言の受売り的な検察官の説明に満足のいく回答を得たと思ったということである。裁判員制度の治安対策としての有効性の是認である。

裁判員を経験してよかったとか、或いは、犯罪を他人事と思わないようになったという個人的収穫があったならば、裁判員制度の存在意義はあると言えるのだろうか。

矢を射る時に、的を目掛けて射るのは当り前である。空に矢を射るのは、遊びかご愛嬌であろう。アンケート調査の設問を作成する際には、何故にそのような設問を作成するのかの理にかなった確かな目的が必要であろう。この設問の的は何なのであろうか。

裁判員制度は、裁判員に人間の職務としての達成感を与えるための制度ではない。犯罪を抑止するための制度でもない。国民の教育のためでもない。裁判員法一条は規定している。「裁判員制度は、司法に対する理解の増進とその信頼の向上に資する」と。つまり、裁判員制度は、「司法はこれまでよりも分かりやすいものとなり、これまでの司法も国民から信頼はされていたが、一層信頼度が高まります。」と。裁判員が個人的にどのような感想を抱くのかどうかではなく、表現上は、司法が変わると謳っている。

裁判員制度は、これまでの裁判制度の大改革である。裁判制度の改革であれば、それが裁判制度の本来の目的に資するものか否かが、その改革評価の基準に据えられなければならない。

刑事裁判の本質は、刑事訴訟法第一条に定める「公共の福祉の維持と個人の基本的人権の保障とを全うしつつ、事案の真相を明らかにし、刑罰法令を適正且つ迅速に適用実現すること」である。裁判員法第一条は、この刑事裁判に関して「裁判所法、刑事訴訟法の特則を定める」とあるから、刑事裁判関与者、特に被告人の基本的人権の保障と事案の真相を明らかにすることとは一応関連付けられてはいる。しかし、裁判員に、「よかった」経験、人生においてプラチナチケットに当たったような貴重な経験を味わわせることが目的でないことは明らかであり、そのような経験を味わえるからどうぞ裁判員になって下さいなどと言える筋合いの問題でないことは明らかであろう。

最高裁判所の発問の真意

最高裁判所が裁判員経験者に敢えて答えの分かりきったような発問をする真意は、四宮教授が述べている、この経験者の「よかった」経験談が広く共有され、制度開始以来、出席率の低下、辞退率の上昇の続く傾向に歯止めをかけ、国民の多くが我も我もと裁判員を希望するようになることへの一縷の望みを抱いていることにあるのではなかろうか。裁判に参加することが宝くじに当たったような快感を与えることだから、くじに当たることを渇望し、くじに当たったら喜んで参加してほしいという願いをこめての発問であろう。

しかし、裁判に直接関与することは、国民に対し演し物を見るような経験をさせることを目的としているのではない。人間にとって快感を求めることは、確かに本能であろう。人を裁くことは苦痛ですよ、それでも人生にとって充実感を与えるものですよと理屈っぽく説いたら、多くの人はそのような行為に参加するのをためらうことになろう。そのため最高裁判所は、「よかった」経験を毎年取りまとめて、四宮教授が望む「よかった」経験の共有に努めているのであろう。

消極的感想こそ重要

ところで、このアンケート調査の中で、「あまりよい経験とは感じなかった」、「よい経験とは感じなかった」と否定的な回答をした人が合わせて２・３％いた。前述のように、通常であれば人生の上で極めて貴重な経験であり、よい経験と受け止められるようなことについて、それとは反対の感想を抱いた少数の人々の感想の根拠は貴重であり、可能ならばその根拠を聞いてみたい。それはまた、重要なことではなかろうか。「よかった」経験の感想の流布によって裁判員制度のPR効果を狙う立場にある最高裁に、そのような追跡調査を求め且つその結果の公表を求めることは期待できることではないけれども、かかる参加経験へのマイナスイメージの分析は、単なる「よかった」経験の流布以上に、国民に対し裁判員制度についての正しい認識を与えることに貢献するかも知れない。

先に、裁判員として裁判に関与することが稀有の体験であり、「非常によい経験」、「よい経験」と感じることは、人間としては当然の感想であろうと書いた。しかし、前述の朝日新聞論壇に登場した女性裁判員経験者の「知識もないのに人の人生を左右する判断をしてしまったことに悩み苦しむようになった」と思うことは、裁判員制度の抱える本質的問題の提示であり、また、その女性の良心の呵責の表れと受け止められる。そのような感覚を抱く人もいるということである。

「私の視点、私の感覚、私の言葉」での参加

裁きに関してよく述べられる新約聖書の言葉がある。「人を裁くな。そうすれば、あなたがたも裁かれることがない。」、「自分の目にある丸太を見ないで、兄弟に向って『さああなたの

郵 便 は が き

料金受取人払郵便

神田局
承認

5723

差出有効期間
2021年12月
31日まで

101－8791

507

東京都千代田区西神田
2-5-11出版輸送ビル2F

㈱花　伝　社　行

お名前《ふりがな》
お電話
ご住所（〒　　　　　　　　） （送り先）

◎新しい読者をご紹介ください。

お名前《ふりがな》
お電話
ご住所（〒　　　　　　　　） （送り先）

愛読者カード

このたびは小社の本をお買い上げ頂き、ありがとうございます。今後の企画の参考とさせて頂きますのでお手数ですが、ご記入の上お送り下さい。

書　名

本書についてのご感想をお聞かせ下さい。また、今後の出版物についてのご意見などを、お寄せ下さい。

◎購読注文書◎

ご注文日　　年　　月　　日

書　名	冊　数

代金は本の発送の際、振替用紙を同封いたしますので、それでお支払い下さい。
（2冊以上送料無料）

なおご注文は　FAX　03-3239-8272　または
メール　info@kadensha.net
でも受け付けております。

目にあるおが屑を取らせて下さい』とどうして言えるだろうか。」（マタイ福音書７章）。法律には疎い裁判員の裁判関与は、憲法や法律という物差しで物の長短を計るものではない。最高裁を含め法曹三者が裁判員制度のキャッチコピーとして使っていた「私の視点、私の感覚、私の言葉で参加します。」というフレーズは、裁判員集めには確かに格好な表現かも知れないが、本来、裁判では許されないことではなかろうか。

裁判員も裁判官であれば、憲法七六条三項に定める「その良心に従ひ独立してその職務を行ひ、この憲法及び法律にのみ拘束される。」べきものであり、憲法でも法律でもない「私の視点、私の感覚、私の言葉」で人が裁かれたら、司法は崩壊することとなろう。我々が通常裁判官と称している者が、憲法や法律を度外視して裁判をしてよいはずがない。裁判員も裁判官であれば、私の視点・感覚・言葉での参加は許されない。それはまさに、法によってではなく、人が人を裁くことであり、人倫としても許されない（小堀桂一郎「裁判員制度の実施を許すな」２００７年11月13日産経新聞）。

最高裁大法廷判決（２０１１年11月16日）は言う。「裁判員制度は、司法の国民的基盤の強化を目的とするものであるが、それは国民の視点や感覚と法曹の専門性とが常に交流することによって、相互の理解を深め、それぞれの長所が生かされるような刑事裁判の実現を目指すものということができる。」と。この判示は、上告趣意とは無縁の、最高裁の独演的発言であり無意味なものであるけれども、前記のキャッチコピーを容認する表現の部分について言えば、その判示は、裁判員は「国民の視点や感覚の提供者」であることに存在意義があり、法曹はその国民の視点や感覚をくみ上げて裁判をするという、いわば裁判員を裁判官の補助者のようなイメージで捉えているようである。

しかし、裁判員法は裁判員について、独立してその職権を行うとし（八条）、評議・評決を法曹と対で行うことと定めている（六六条、六七条）のであって、その職務は正に裁判官である。単なる国民の視点や感覚の提供者であってよいとか、あるべきだなどとは規定していない。

「よかった」経験の疑問

裁判員の裁判関与は、前述の裁判員経験者が述べた「知識のないのに人の人生を左右する判断」を下すことである。「よかった」などと評し得るような経験であってはならず、むしろ苦しみ悩むべき経験であり、現に福島国賠訴訟の原告のように深刻に悩み苦しむようになってしまうこともあるのであって、他人の「よかった」とか「とてもよかった」などという経験談に踊らされて参加するようなことではない。あるいは、「よかった」経験と感じた人々は、裁判員としては好ましい人ではないのかも知れない。

人が人を裁く

有名な新約聖書のエピソードがある。律法学者たちやファリサイ派の人々が姦通の女を連れてきて真ん中に立たせ、イエスに言った。「先生、この女は姦通をしているときに捕まりました。こういう女は石で撃ち殺せと、モーセは律法の中で命じています。ところであなたはどうお考えになりますか」と。これに対するイエスの答えは、「あなたたちの中で罪を犯したことのない者がまず、この女に石を投げなさい。」であった。これを聞いた者は、年長者から始まって、一人また一人と立ち去ってしまい、イエス一人と真ん中にいた女が残ったというものである（ヨハネ福音書8章）。

国家には司法権があり、社会の秩序の維持に貢献する裁判官がいて、その職務を担当する。罪のない者だけが人を裁き得るということになれば、裁判官も罪ある人間だから、国家は裁判ができないことになる。しかし、だからこそ、憲法七六条三項がある。そこで定められている、裁判官の個人的視点や感覚で裁いてはならない、良心に従って憲法と法律にのみ拘束されて裁判をしなければならないという命令が生きることになる。

さきほどのキャッチコピーを裁判員制度の宣伝に使うなどということは、とんでもない誤りである。大法廷判決の判示も、ことの真実を履き違えている（玄侑宗久「裁判員は日本人の美徳を壊す」『文藝春秋』２００９年2月号）。

「よかった」経験を共有化して裁判員制度を推し進めようなどという魂胆は、到底容認できることではない。

（二〇一七・一一～一二）

4　裁判員の守秘義務に関連して思うこと

はじめに

裁判員の出席率（出席を求められた者に対する出席者の割合）の低下、辞退率（被選任者に対する辞退者の割合）の上昇が、裁判員制度の継続を望む立場の者から懸念されている。裁判員法成立直後から、裁判員にはなりたくないという国民が約八割にも達していたことからすれば、かかる国民の消極姿勢は当然と言えば当然のことである。今年（二〇一九年）作成された裁判所のポスターには、「裁判員制度10 th」の0の数字を日の丸のように赤く染め、その中に「非常によい経験と感じた57・3％」「よい経験と感じた38・4％」と白抜きで書かれ、その下に「裁判員を経験した国民の皆様の実感です。」と、また右肩には「やってみてよかった」と記されている。締めくくりは、「皆様の裁判員裁判へのご参加をお待ちしております。」とある。

違憲のデパートと称され、例の大法廷判決によってもいささかも違憲性が払拭されない制度の推進広告を庁内に貼っている事実を見ると、日本の司法は自らが今抱えている病に全く気が付いていないのではないかと改めて思わされた。

裁判員経験による心境の変化

裁判員になる前には裁判員にはなりたくなかったけれども、実際にその職務を担当してみれば、やってよかった、よい経験になったと感じる人が圧倒的に多いのだから、その裁判員としての貴重な経験を広く国民に知らせる機会があって然るべきだとの立場から、裁判員法の守秘義務規定を改正し、より緩やかな義務規定にすべきだとの意見がある。裁判員経験者や弁護士などでつくる「裁判員経験者ネットワーク」のメンバーが、今年六月、東京霞ヶ関の司法記者クラブで会見し、裁判員の守秘義務を緩和する必要性を訴えたことが報じられた（「弁護士ドットコム」）。前記のネットワークとは別に、厳しい守秘義務が国民の裁判員となることについての抵抗感、嫌悪感に繋がっているとして、裁判員制度の効果ある広報は、経験者自身が日常生活の中で語ることだと早くから力説している学者もいる（四宮啓、ＮＨＫオンライン、２０１６年６月22日「視点論点」）。

この裁判員の守秘義務緩和の動きに関連して、まず、裁判の評議の秘密の必要性について考えてみたい。

裁判官の評議の守秘義務

裁判所法七五条は、（第一項）「合議体でする裁判の評議は、これを公行しない。但し、司法修習生の傍聴を許すことができる」、（第二項）「評議は、裁判長が、これを開き、且つこれを整理する。その評議の経過並びに各裁判官の意見及びその多少の数については、この法律に特別の定のない限り、秘密を守らなければならない」と定める。その趣旨は合議体を構成する裁判官として忌憚なく意見を述べさせるためであるとされる（『裁判所法逐条解説下巻』79ページ、法曹会）。合議体内での裁判官の意見の対立を公にしないことによって裁判の威信を守るということも考えられるが、最高裁の裁判では各裁判官の意見の公表が認められている（裁判所法一一条）ことから、そのような威信の保守は理由にはならないとされる（同著73ページ）。裁判員の守秘義務の基本的目的も同様であるが、裁判員についてはさらに裁判員自身の安全の保護、事件関係者のプライバシーの保護、裁判の公正や信頼の確保の目的があると説明されている（「裁判員ネット」）。

評議の秘密と少数意見の表明

私たちはこれまで、その評議は秘密であって当然という先入観を持ち、今もその認識の者は圧倒的多数であろう。しかし、スイスでは、現在はいざ知らず、「評議の公行が認められているようである」（前掲解説74ページ）との記載からすると、裁判の評議が秘密でなければならないというのは自明のことではないと言える。前述のように、最高裁の判決には各裁判官の意見の表明が認められている。なぜ最高裁だけなのか、国民審査があるからだけなのか、下級審ではなぜ少数意見の表明が許されないのか、前掲裁判所法解説（73ページ）は、この最高裁判決における各裁判官の意見表明が許されていることを根拠に、評議の秘密の保持の根拠は裁判官の評議における自由な発言の確保にあるとする。そうであれば、下級審においても評議の過程の議論内容、経過はともかく、判決においては少数意見の表明を否定する必要はあるまい。

国家意思の形成がどのような経緯でなされたのかを秘密にするということは、その部分を国民に隠蔽するということであり、その公表によって関係者の人権を侵害する危険があるなどの問題のある分野を除いては、本来可能な限り明らかにされるべきではないであろうか。むしろ、下級審においても少数意見の表明を承認することが、評議を充実させるばかりではなく、上級審の判断においても適正な判断に資するのではあるまいか。

現在もそうであるのかどうかはわからないが、我が国では長年「裁判官は弁明せず」と言われてきた。裁判官の判断は判決などの最終判断に集約されるものであり、さらにそれ以上の弁明の要はないはずであるとの前提があるからであろう。単独事件の判断であればそれは当然であろうが、合議事件の場合には、最終結論に至るまでの判断過程における各裁判官の意見の相違はともかく、結論が相違し少数意見がある場合にはそれを公表することは裁判官の良心に適い、独立の保障の憲法の規定にもむしろ添うものと解される。

先年、いわゆる袴田事件（一九六六年六月に静岡県清水市〔現静岡市清水区〕で発生した強盗殺人放火事件）について、第一審合議体の裁判官だった熊本典道氏が、その評議の過程で多数意見である有罪・死刑の意見に対し無罪の意見を示していたこと、しかし主任裁判官として死刑判決を起案せざるを得なかったこと、その後この事件の自己の対応に関連して裁判官を辞したことが報じられた。

「合議体でする裁判は合議の過程を通じて、裁判官の意見の主観性が捨象され、判断が客観性をそなえるようになることをその一つの特色とするもの」とし、評議において憲法七六条三項の要請が充たされて、評議の経過・内容が秘密にされれば各裁判官の意見が忌憚なく述べられ、真に客観性を備えた判断に到達し得るとその解説書は説く（72ページ）。そこで説かれていることとは、合議事件で各裁判官の意見が公にされると各裁判官は忌憚なく自分の意見を述べることに支障をきたすものとの考えがあるようである。

しかし、単独事件の場合、外部の意見がいかなるものであれ、自分の意見を公にしなければならない。それは裁判官の職責としての良心と独立性の実現である。評議が公にされれば自分の意見を忌憚なく述べることができないような裁判官であれば、憲法七六条三項の要請に応えられない失格者となろう。その事件について、証拠について心証を形成し、法律問題についてはあらゆる判例、学説を研究して評議に臨み、評議においては気概をもって議論することが裁判官の使命であれば、それが公開の場であろうが、閉鎖された空間の中であろうが、違いはないはずである。そのような理由によるのではなく、例えば評議の内容の詳細な記録までは必要がないということであれば、最終判断と異なる場合には結論とその理由についてのみでも堂々とそれを明らかにすることはむしろ、良心に従って独立して裁判をする裁判官の職責にかなうものと解し得るのではあるまいか。

裁判所法七五条二項により、少数意見を公表すれば、少数意見の裁判官の意見は明らかになり必然的に多少の数も明らかになるから、少なくともその規定がある限り、少数意見の公表は許されないことになりそうであり、現にそのような解釈により下級審においては少数意見は公表されていない。袴田事件の熊本裁判官の少数意見が公表されなかったのは、この規定に由来すると思われる。しかし、それ故に熊本裁判官が裁判官を辞するまでに自分を追い込むことになったという事実を見れば、少数の意見の公表は、かかる裁判官の良心に従った裁判官の独立の保障のためにはむしろ必要なことではないかと考えられる。

最高裁判所においては、各裁判官意見の表明が認められる。その目的には最高裁判所裁判官国民審査の際の国民の判断材料の提供という目的もあるかも知れないが、意見の表明は各裁判官のその事件に向き合う真摯さを国民に示す効果があり、裁判所法七五条二項のような秘密主義は、真に守られるべき関係者の人格・名誉・プライバシー等に関わるもののほかは無意味であり、且つ憲法七六条三項の裁判官の裁判に臨む心構えにむしろ逆行するものではないかと考える。

評議の内容は、国民の知る権利と裏腹の関係にあるものであるばかりではなく、裁判官の良心に添いその独立性を保障するものであれば、徒にこれを秘密扱いすることは正当なこととは解されない。

裁判員の守秘義務

問題は、職業裁判官についてはそのようにいえるにしても、素人且つ非常勤裁判官である裁判員についてはどのように考えたらよいかということである。

そこでもやはり、国民の知る権利との関係を考慮の外に置くことは許されまい。裁判員も独立して職権をおこなう者であることについては裁判官と何ら変わりがない（裁判員法第八条）。裁判員が最終結論において多数の出した結論とは違う結論に至った場合には、その理由と結論を顕名で表示することが許されるべきである。或いは、「裁判員の1ないし複数の少数意見があった」との記述がされるべきではないかと考える。

裁判員が職業裁判官と本質的に異なる点は、その職業に従事するのは、自分の自由な意思によるのではなく、強制によるものだということである。辞退・拒否が事実上自由にできる現状からすれば、裁判員となった人は自由意思によってその職についたものとも解され、その点からすれば職業裁判官と変わりはないかもしれないが、制度上は義務として裁判員の職務を担当するものであり、裁判員は日常他の職務に従事する一般社会人であるから、そのプライバシーは守られなければならない。しかし、自らそのプライバシー権を放棄して多数意見と異なる意見を表明したいと思う場合には、表明する権利が与えられなければなるまい。また、国民もその意見表明に接する権利があるといってよい。

そのように、裁判員法が裁判員の守秘義務について広く職務上知り得た秘密、評議の秘密という抽象的・包括的表現で秘密を規定することは、裁判員の表現の自由及び国民の主権者としての国家意思決定過程についての知る権利の確保の観点からすれば、看過し得ない問題があるといえる。

評議における裁判員の自由な発言の確保の必要性は、裁判官のみの場合と同様であるが、出された結論についての意見の表明は、裁判員の評議中における自由な意見の表明に関わるものではない。仮に、裁判員の中で少数意見を明示したいけれども顕名は困るという場合には、「裁判員某」との表記でも一向に差し支えあるまい。

裁判員経験者からなされた守秘義務緩和の主張

ところで、前述の裁判員経験者らが主張する守秘義務緩和の主張というのは、このような裁判の評議の秘密の本質又は国民の知る権利、裁判員の表現の自由という視点からのものではなく、裁判員が終生秘密を抱えることになる心の負担の軽減と、裁判員としての経験、その多くは前述の「良かった」経験の一般人との共有によって裁判員になってみたいと思う人が増えることに通ずるという広報効果の視点からのものである。

それらの意見は、裁判員の経験が人生の上で貴重な経験であり、今後社会人として生きていく上で大いに役立つ式の人生論によるものと言える。

しかし、それは全くのお門違いということであろう。裁判員という職務は、国民の教育、錬成の場ではない。戦前の徴兵制による新兵教育のように国家への忠誠心を涵養する場でもない。司法制度改革審議会が国民の司法参加の項目で述べている「自らのうちに公共意識を醸成し公共的事柄に対する能動的姿勢を強めていくことが求められる」というくだりは、国民の国家への忠誠心の涵養を意図したものかもしれないが、司法制度は国民の裁判を受ける権利を保障する場、つまり国民の福祉に資すべきものであって、国民教育強制の場ではなく、また裁判員経験者に良かったと思えるような体験をさせる場でもない。以前紹介した今関源成教授の「政府が公共性・徳性を振りかざして個人の内面の改造を意図する試み」に乗ってはならないものであるから、裁判員経験者の多くがその経験について述べている「よかった」「有益であった」との感想は、その試みに乗ってしまったに過ぎないものであり、制度の存在価値につながる評価ではない。

日本の裁判に求められること

今、日本の裁判に求められることは、全ての裁判官の真の独立ではないかと考える。合議体においては、各裁判官は自らの単独の事件と同様の認識、つまり各裁判官がその事件の対等な主任裁判官であるとの認識を持ち徹底的に議論すること、自己の意見が少数意見であれば必ず判決書に自己の意見を表明することではなかろうか。

裁判所法七五条二項の「その評議の経過並びに各裁判官の意見及びその多少の数については

……秘密を守らなければならない」との規定は、評議の経過、各裁判官の意見その多少の数が即秘密となるものではなく、それらの特に秘密としなければならない事情、例えば関係者の基本的人権に関わると解される事項を除いては、公開してもこの規定に違反することにはならないとの解釈もあり得るのではないか。むしろ合議体における対等な立場での裁判官間による議論・激論がなされ、その結果として少数意見が国民の前に明らかになれば、裁判に対する信頼性が増すことに繋がると考える。

裁判官と裁判員とは実質的には決して対等な立場のものとは言えない。職業裁判官は法令に精通し多数の裁判を日常処理しているものである。一方裁判員は、日常は他職に就いている一般的には法律に無知の素人であって、裁判などという特殊な職務に就いたことのないものであり、一回限りの裁判という非日常の場で裁判官と対等であり得ないことは１００％間違いない。裁判員法自体、六六条の規定がそれを自白しているようなものである。

日本の裁判に求められることは、選挙人名簿からくじで選ばれた、素性の分からない素人を裁判に参加させて、その意見をプロが拝聴することではなく、最高裁判所を含めて職業裁判官の合議体裁判の活性化を図り、全ての裁判官が憲法七六条三項に則って真に憲法と法律にのみ拘束される裁判官として、その職務を遂行することではないかと思う。

裁判員の守秘義務の緩和という矮小化された問題を論ずるのではなく、その議論を一つのきっかけとして、現在の日本の裁判をどうしたらよいか、今のままでよいのかを徹底的に議論すべきときではなかろうか。そこに真の司法改革の道が広がる。

（二〇一九・九～一〇）

5　教育勅語と裁判員制度——二人の研究者の見解に接して

森友学園問題に端を発して、教育勅語が大きく取り上げられるようになった。森友学園が運営する塚本幼稚園が園児に教育勅語を暗唱させていたことが明るみに出、さらに安倍内閣が教育勅語を憲法や教育基本法に反しない形で教材として使うことを認める答弁書を閣議決定するまでに発展したことなどが関係している。

教育勅語については一九四八年に日本国憲法の精神に反するものとして国会において排除、失効が確認されたけれども、その後も、その中の徳目を取り上げて、教育勅語を教育の場で使用する試みが唱えられてきた。

この教育勅語の問題について今年（二〇一七年）四月一九日付朝日新聞は「耕論」で、東京大学名誉教授三谷太一郎氏と日本大学教授先崎彰容氏の見解を掲載している。

ここで私が述べたいことは、その各人の意見の内容の是非ではなく、その論じられていることについての全くの感想である。

三谷氏は一九三六年生まれ、先崎氏は一九七五年生まれ。編集方針として、その「耕論」の対象者を初めから戦前と戦後生まれの研究者ということにしたからであろうが、論じられている内容には、その年代の差を感じさせられた。

三谷氏は、「教育勅語の本質は、天皇が国民に対して守るべき道徳上の命令を下したところにあります。そうした勅語のあり方全体が、日本国憲法第19条の『思想及び良心の自由』に反します。」と述べ、「安倍内閣はそれを全く念頭に置かず、教材として使えるという閣議決定をしました。」と安倍内閣の決定を批判する。

先崎氏は、戦前の教育勅語をめぐる経緯の現代に与える示唆として、「どちらの時代も、確かな価値観や倫理規範がなくなった『底が抜けた時代』ということです。」と述べ、教育勅語をめぐる騒ぎは「それ自体は大したことではない」けれども、「現代の日本社会が抱える、より本質的かつ大きな問題に突き当る」「かつてのように国民が『画一化』されてしまうかも知れない危険性に気づくためにこそ、今回の教育勅語騒動は掘り下げて考えるべき」と述べる。

どちらもこの教育勅語問題には危険性を感じるけれども、三谷氏は教育勅語の内容を含めて明確に現政権の対応や今我が国が置かれている状況に問題があることを指摘しているのに対し、先崎氏は教育勅語が発表された明治の時代と現代とに共通する、確かな価値観や倫理規範がなくなった「底が抜けた時代」を迎えていることの危険性を指摘し、教育勅語の内容の危険性や現政権の対応についての明確な問題意識を提示してはいない。恐らく先崎氏の、国民が画一化されてしまうという表現には、現政権に抱く不安をも滲ませているのではないかとは推察される。

このような表現の違いはどこから出るのだろうかということが、私がこの両者の意見を取り上げたきっかけである。私は三谷氏とほぼ同年代である。そのためであろうか、三谷氏が「戦中の教育の風景が再現される可能性が出てきたようで大変驚いています。戦後70年がまるでなかったかのような気がします。」との言葉は、私には極めて切実な言葉としてしっくり来る。それは、直接戦地に赴くことはなかったけれども、生まれ育った我が家が空襲で一夜のうちに灰燼に帰し、幼少期を苦難の中に過ごした私と同じような経験を持つ者だからこそ抱く率直な感想として語られているからではないかと思う。

先崎氏の指摘は恐らく真実であろう。「確固とした価値観がなく、誰もが不安だから何かいい処方箋がないかと探している。左右を問わず断定的な言葉、載りやすい価値観が出てくれば一気にそちらに行ってしまう可能性があります。」ということは適切な指摘だと私も思う。ただ、先崎氏は戦争を自ら体験したことはないであろう。それだからこそ高い所から問題の本質を指摘できるのであろうが、ある意味それだけ冷めた感じがする。学者はそうであらねばならないのかも知れない。しかし、国家にある種の危機を感ずるのであれば、「底が抜けた時代」は何故にできたのか、それに対し教育勅語を取り巻く現下の情勢の下で、今、我々はいかように対峙すべきなのかということについての指摘や提案があっても良さそうだが、とは思った。

要するに、その両者の感ずる危険性にはかなりの温度差があるのではないか、切実さ、緊迫感が違うのではないかということである。

近ごろは裁判員制度について、政治家、学者、一般市民も含めて問題意識をもって取り上げられることはほとんどなくなった。マスコミの取り上げるのは、原審裁判員裁判の判決が控訴審で破棄されたという類いのものがほとんどである。我が国の国民性としての忘れっぽさによるものなのか、政治が一強多弱状態にあって、何を取り上げても社会に変革をもたらすことはできないとの諦観に達し、無気力状態になっているからなのであろうか。

しかし、戦中育ちの私には、裁判員制度に見られるように、国民をその思想・信条を顧慮することなく罰則をちらつかせて裁判員にさせるなどということは、戦前・戦中の徴兵徴用の恐ろしさ、何ものが言えない時代の怖さが身に着いているからであろうか、何としても受け入れられないのである。

裁判員制度が日本国憲法の容認しえないものであること、容認し得るものだという大法廷判決のいかさまぶりについては、これまで私ばかりでなく多くの人々が指摘して来た。その指摘は絶対に正しいことだと私は考えている。しかし、私にとっては、理論より先に、この肌がこのような制度に対し拒絶反応を起こしてしまう。裁判員制度は国民の人権を侵害するものであるばかりでなく司法制度そのものに危機を呼び込むであろう、それ故に国家を危殆に瀕させるであろうと感じ、構えてしまうのである。それは、教育勅語問題についての現政権の驚くほど甘い対応同様、私には、裁判員制度を、マスコミを含め、容認するのみならず何ら批判の声を発しない風潮に、この国の大きな危険を見る。それは、北朝鮮から飛んでくるかも知れないミサイルより現実的で恐ろしい。

もちろん、詳細な説得力ある理論も重要であり、それに耳を傾ける態度を人々が持ち続けなければならないことは明らかである。しかし私たちは、社会の問題に生起する危険性とその強度を敏感に感じ取る感性を、過去の歴史がもたらした悲劇に想像力を働かせることによって磨いていかなければならないのではあるまいか。

（二〇一七・八）

第3章　裁判員制度の違憲性

1 裁判官の独立と裁判員制度

憲法七六条三項の「法律」とは「合憲の法律」

憲法七六条三項は「すべて裁判官は、その良心に従ひ独立してその職権を行ひ、この憲法及び法律にのみ拘束される。」と定める。一方、憲法八一条は「最高裁判所は、一切の法律、命令、規則又は処分が憲法に適合するかしないかを決定する権限を有する終審裁判所である。」と定める。即ち、憲法七六条三項に定める「法律」は、当然のことながら合憲の法律を意味する（前掲宮澤俊義コンメンタール、605ページ）。

最高裁大法廷二〇一一年一一月一六日裁判員制度判決（以下「大法廷判決」という。）は、「憲法が一般的に国民の司法参加を許容しており、裁判員法が憲法に適合するように法制化したものである以上、裁判員法が規定する評決制度の下で、裁判官が時に自らの意見と異なる結論に従わざるを得ない場合があるとしても、それは憲法に適合する法律に拘束される結果であるから、同項違反との評価を受ける余地はない。」（傍線は筆者）と判示する。この判示も、憲法七六条三項に定める「法律」は「合憲の法律」であることを前提としている。

しかし、そこで論じられなければならないことは、そのような形式論ではなく、裁判員法によってくじで選ばれた一般市民の直感的判断によって内閣任命にかかる裁判官の判断が左右されることがあっても良いのかという、制度の根幹に関わる憲法問題である。その判断を経ずに、裁判員法は合憲だなどと判断し得る筈はない。本稿はその大法廷判決の判断の論理の不当性を指摘しようとするものである。

裁判員制度合憲の論理

大法廷判決が「憲法は国民の司法参加を許容しているものと解され、裁判員法に所論の憲法違反はないというべきである」と結論付け、その理由付けとしていわゆる複合的解釈手法（笹田栄司『ジュリスト』１４５３号、10ページ）を用いている。その解釈の要素として同判決が掲げているものは、「憲法が採用する統治の基本原理、刑事裁判の諸原則、憲法制定当時の歴史的状況を含めた憲法制定の経緯及び憲法の関連規定の文理」の総合的判断にかかるものという。ところで、その前提のもとに、大法廷判決が取り上げている事項は何か。その要点はつぎのとおりである。

①刑事裁判権の行使が適切に行われるよう種々の原則が確立されていること、その中には「裁判官の職権行使の独立」と身分保障について周到な規定を設け、刑事裁判の基本的な担い

手として裁判官を想定していること

②歴史的・国際的な観点からは民主主義の発展に伴い、国民が直接司法に参加することにより裁判の国民的基盤を強化し、その正統性を確保しようとする流れが広がり陪審制か参審制が採用されていること

③憲法制定時に同法三二条の文言を「裁判官の裁判」から「裁判所の裁判」へ表現を改めたこと

④憲法第六章において下級裁判所について裁判官のみで構成される旨を明示していないこと

ところで、上記の指摘は、憲法・法令という基本的に一定の意味を有する言葉によって表現されている事柄についての解釈に言葉以外の事項を持ち込もうとすることであり、その解釈の手法は極めて危険を伴うものである。なぜならば、その解釈の複合性から、どの範囲の要素を考察の対象とするかによっていかようにも結論を左右させることができるからである。

最高裁の判断過程に含まれなかった重要な事項について

イ　裁判官の定義

上記の事項には、憲法七六条三項、八〇条一項の「裁判官」の定義に関する考察が欠けている。この点については拙著『裁判員制度はなぜ続く』（以下『なぜ続く』という。）125ページ

以下に詳述した。

ロ　国民の意味

「国民」とは何かについての考察もない。憲法が定める国民（第三章の諸規定、第四章四三条、第六章七九条、第九章九六条、第一〇章九七条）には、①国家の構成員としての国民、②主権の保持者としての国民、③憲法上の機関としての国民の三種があると言われる（清宮四郎・有斐閣・法律学全集『憲法1』初版85ページ）。

大法廷は漠然と「国民」の司法参加と表現しているけれども、この国民とは、上述の三種のうちのいずれのものを念頭に置いたのであろうか。「裁判の国民的基盤を強化しその正統性を確保する」との判示からすれば、司法に主権者として関わる者としての国民を念頭に置いているのかも知れない。しかし、主権者としての国民とは、国政についての最高の決定権をもち、国の最高法規たる憲法を制定する権能を有する者の意であり（前掲清宮93ページ）、一人ひとりの国民を指すものではない。

憲法上の国民とは、国政の権威の根源であり、国政を代表者に信託し、福利を享受する存在だということであり（憲法前文）、個々の国民は、国家の意思決定については自ら国家の機関となる場合を除いて（前掲清宮95ページ）代表者を通じて行い、それによる福利を享受する主体だということである。裁判の場に偶々くじで選ばれて立ち会う者は主権者たる国民ではない。つまり、裁判という国家意思の形成、国民の生命・自由・財産等の権利・利益を収奪し得る権限の与えられている者ではない。

我妻栄教授はその遺著『法学概論』（有斐閣・法律学全集）において、「国民」について、人々の「集団」という言葉を用いている（8ページ）。また、その権力について、集団が「その統合によって構成される権力」とも称している。国民という言葉は、種々の場面でしばしば用いられるけれども、少なくとも裁判所が用いるときには曖昧な使用は許されない。衆議院議員選挙権を有する者の中から偶々くじで無作為抽出された人間は、憲法における主権を有する国民ではない。単なる一般市民である。

裁判員制度について司法への国民参加と称することは極めて不適切であり、強いて言えば素人市民参加というべきである（拙著『裁判員制度廃止論』（以下『廃止論』という。）14ページ）。

ハ　国民・被告人の人権の保障

何よりも、参加する国民の参加強制性を含む基本的人権や被告人の裁判を受ける権利などその人権についての詳察がない。さらに、憲法七六条三項については、裁判官を刑事裁判の基本的な担い手と考えていることにのみ結びつけ、前述の「くじで選ばれた一般市民の直感的判断によって内閣が任命した裁判官の判断が左右されることがあっても良いのか」という憲法解釈上の根本的問いには全く触れていない。

なお、前記①の判示する、裁判官を刑事裁判の基本的な担い手と表現する意図が判然としない。文脈からすれば、裁判官が裁判の刑事裁判の基本的担い手となることにより刑事裁判権の行使が適切に行われるから心配無用だということになりそうである。そうとすれば、国民参加がなくても刑事裁判は適切に行われる、刑事裁判の適正さという点では特に国民参加は不必要であるということになり、却って国民参加不必要論の論拠を述べていることになりはしないか。

二　公務員選定権について

私が以前取り上げた憲法一五条の国民の公務員選定権の問題（本書１２２ページ）も取り上げていない。

結論ありきの論理

要するに、その大法廷判決の掲記することは、裁判員法に定める国民の司法参加は合憲だという結論を得るために、それに都合の悪い論題は全て検討課題から除外し、合憲と判断し得る都合の良い論題のみを取り上げて、司法への国民参加は合憲だ、合憲の法律による評決制度に裁判官が従うのは違憲ではないと結論付けているものとしか解し得ない。なお、以下に大法廷が検討課題としたものについて検討してみよう。

イ　なぜ刑事裁判のみが検討対象か

大法廷判決は先に、国民の司法参加の定義として、「裁判官以外の国民が裁判体の構成員となり評決権を持って裁判を行うこと」とする。その定義では、特に刑事事件に限定していない。裁判に一般市民が評決権を持って参加することが憲法上許容されるか否かを論じるときに、何故に刑事裁判の諸原則の検討が必要になるのか、何とも不可解という以外にはない。

ロ　なぜ憲法制定過程の検討が必要か

大法廷は憲法制定の経緯の検討も取り上げる。何故に今から七〇年前の歴史を掘り起こさなければ真実に迫れないのか。憲法は、国民がその常識によって判断される文言で構成されている。その文言の意味を理解するときに、国民にその歴史をもう一度見つめ直して考えるべきだなどとどうして言えるのであろうか。「何人も、裁判所において裁判を受ける権利を奪はれない。」という文言は、誰もが、いざというときには裁判所に訴えれば正しい裁判をしてもらえる権利があると読むのが当たり前ではないであろうか。大日本帝国憲法がどう定めていたかに関係なく、我々は今、日本国憲法の下に生きている。その定める憲法の規定を、上述のように誰もが裁判所に出訴できる権利を認めたものだと何故素直に読めないのであろうか。西野喜一新潟大学名誉教授の指摘にもあるように（『さらば裁判員制度』181ページ）、この憲法三二条は、大法廷判決のような解釈を容認するために「裁判官」を「裁判所」という文言にしたのではなく、文字通り全ての人に裁判所への出訴権を認めた規定であることは間違いないのである（『憲法的刑事手続』日本評論社、234ページ）。

ハ　陪審、参審と民主主義との関係

大法廷判決は、国際的な視点として、「民主主義の発展に伴い、国民が直接司法に参加することにより国民的基盤を強化し、その正統性を確保しようとする流れが広がり陪審制か参審制が採用されている」という。しかし、陪審は民主主義と直結して発生したものではないし、参審制は陪審制による弊害や不必要にコストがかかることからその変形として採用されたものであることは明らかである（『廃止論』16ページ）。

民主主義憲法の最先端を行く日本国憲法制定時に、その制定に深く関わった陪審制を有する英米の指導がありながら、しかも大法廷判決にも示されているように、我が国にも陪審制度がありながら、日本国憲法には陪審制、参審制に関する規定或いはそれを容認する規定がどこにも置かれなったことについて、大法廷はどのような捉え方によって、民主主義に結び付けて国民の司法直接参加が裁判の国民的基盤やその正統性の確保の流れが広がり、などと表現したのであろうか。歴史の捉え方としても不正確であるばかりでなく、陪審制、参審制の正統性についての記述としても、あまりにも不正確ではないであろうか。

陪審制、参審制のような司法への市民参加が民主主義の発展に伴って制度化されたものであれば、前述のように我が民主憲法に規定されなかったのは何故か、説得ある説明が必要であろう。そして、現在我が国の裁判の99％の裁判に市民参加がないことの正当性をどのように説明するのであろうか。

二　憲法八〇条一項の規定内容

大法廷は、下級裁判所について、裁判官のみで構成される旨の明示がないという。これまで繰り返し述べてきたように、憲法第六章に裁判官とあるのは、下位法である裁判所法に定める裁判官を指すのではなく、裁判を担当する者の意である（『なぜ続く』125ページ）。憲法八〇条一項に定める「裁判官」は、下級裁判所で裁判を担当する者の全てであり、その裁判官、即ち八〇条一項に定める任命手続を経た者だけによって裁判がなされるべきことを定めるものだから、特に裁判官だけが裁判を担当するなどとわざわざ定める必要がなかったまでのことである。

裁判員制度と憲法七六条三項との関係

憲法七六条三項上、くじによって選ばれた素性のわからない一般素人の意見に裁判官が従うことを憲法は本当に容認しているのかという問題は、制度の合憲か否かの判断について最優先で検討されるべき課題である。

その検討を怠って、他の合憲要素のみを検討事項として制度合憲と決めつけてしまってから、やおら合憲の法律に拘束される結果であるから、七六条三項違反との評価を受ける余地がないというのは論理的には全く成り立たないことである。つまり、何ら正当な根拠がなく裁判員法は合憲の法律だと結論付けておいて、その根拠のない合憲法律を守ることだから違憲ではないと言っている、つまり、合憲だから合憲だと言っているに過ぎないのである（前掲西野『さらば裁判員制度』200ページ以下参照）。極めて乱暴な論理と言わざるを得ない。

裁判員制度は憲法七六条三項に違反する

それでは、実質的に裁判員法によってくじで選ばれた一般市民の直感的判断によって内閣が任命した裁判官（裁判担当者）の判断が左右されることを容認することは許されるであろうか。くじで選ばれた個たる一般市民が国家権力の一翼である司法において最終の決定権、評決権を持つことは、大法廷判決の対象事件の小清水弁護人の上告趣意書中に記されているように、憲法の認めないところである（同弁護人上告趣意書、最高裁刑事判例集65巻8号、１３２ページ）。

もとより、裁判員が憲法八〇条一項の定めに従い選任され、憲法第六章の定めに従うものであれば、それは紛れもなく下級裁判所の裁判官（裁判担当者）であるから、他の裁判官もその判断に従う場面が出てきても、それはその点においては違憲の問題は生じないであろう。もとより、そのようなことは現実的には不可能であろう。

しかし、裁判員法に定める裁判員は、実質的に裁判官の職務は行うけれども、憲法の認める裁判官ではない。単なる素人たる一市民に過ぎない、しかも憲法と法律に（通常は）疎い者であり、その意見に裁判官の判断が影響されることは、憲法七六条三項の到底容認し得ないところである。

現在死文化している我が国の陪審法では、裁判官は陪審員の判断に拘束されないとされている（いわゆる陪審の更新・陪審法九五条）。その根拠については、大日本帝国憲法五七条の規定により、主権者である天皇によって任命された裁判官の判断は一般人の判断に拘束されるべきではないからとされる（中原精一「陪審制と憲法論（1）」明治大学短期大学紀要43巻）。

日本国憲法では主権者が天皇から国民に変わった。陪審法のさきの論理が正当とすれば、主権者国民から任命された裁判官（裁判担当者）の判断がそれ以外の者の判断に拘束されることは許されないことになりはしまいか。

むすび

この拙稿の論題は、大法廷判決が、上告趣意とされていない論点について判示したことに関するものではあるけれども（『なぜ続く』102ページ以下に詳述）、裁判員制度の合憲性の検討上は必ず論じられなければならないことであるのでここに取り上げたものである。

瀬木比呂志著『ニッポンの裁判』（講談社現代新書）に「結論正当化のためのレトリック」という見出しの箇所がある（45ページ）。（社会や政治、行政のあり方に大きく影響を与える）「価値」に深く関わる事案（同氏のいわゆる「価値関係訴訟」）における判断のレトリックは、「最初に強引に一定の方向の結論を決めてしまった上で、ただそれを正当化するためだけに構築されていることが多い」という。私が大法廷判決をこれまでしばしば取り上げ検討して来て強く印象付けられたことは、大法廷は、裁判員制度を何としても合憲と結論付ける方向一筋に涙ぐましく理屈を並べ立てる、正に瀬木氏のいう「ただそれを正当化するためだけ」の理論構築をしているということである。最高裁判所が「最低裁判所」（瀬木同著20ページ）と評価されることのない、真に「最高裁判所」であってほしいと国民の一人として強く念願するものである。

（二〇一七・一～二）

2 国民の公務員選定権（憲法一五条）と裁判員選任

――裁判員の民主的正統性について

はじめに

私が裁判員制度について最初に疑問に思ったことは、一般国民を強制的に国家権力の行使に加担させることは憲法一八条に違反するのではないかということであった。その違憲性についてはいくら強調してもし切れるものではなく、最高裁が、裁判員となることは「参政権と同様の権限を国民に付与するもの」などの詭弁を弄してこれを合憲と判断していても、それをそのまま容認することは許されないと思っている。

裁判員制度にはそのほかにも、違憲のデパートと言われるほどの数多くの憲法問題、例えば国民の思想、良心、信教の自由や国民の職業選択の自由等の侵害、裁判官の独立の侵害、被告人の制度選択権否認による裁判を受ける権利の侵害等々、見過すことのできない問題があることは、これまで諸賢によって指摘されている。

ところで、私は、昨年（二〇一五年）一二月、「いわゆる裁判員制度大法廷判決の判例価値」と題する小論を「司法ウオッチ」に掲載させていただいた。大法廷判決とは、前述の詭弁を弄した二〇一一年一一月一六日最高裁大法廷の裁判員制度に関する判決である（以下「大法廷判決」という。）。その小論の中では、「裁判員をくじで選任することの違憲性」について、その事件の小清水弁護人の鋭い上告趣意に関連して憲法八〇条一項の問題として論じた（拙著『裁判員制度はなぜ続く』126ページ、以下「拙著」というときにはこれを指す。）。

裁判員の職務は、裁判員法六条一項によれば、対象事件についての事実の認定、法令の適用、刑の量定を裁判官と合議して決めることである。それは紛れもなく裁判官の仕事である（拙著123ページ）。最高裁判所も、「裁判員は非常勤の裁判所職員であり」とそのホームページに掲載している。非常勤の裁判所職員とは、国家公務員法二条三項一三号の「裁判官及びその他の裁判所職員」に含まれる特別職の公務員であることは間違いない。今回は、憲法一五条を中心に、その裁判員選任の正当性について考察してみたい。上述の裁判員強制問題等と並ぶ、というより、裁判員の民主的正統性に関わる、決定的に重大な問題と考えるからである。

国民の司法参加にかかる最高裁の合憲判断の論理

大法廷判決は、刑事裁判に「国民の司法参加（同判決は「裁判官以外の国民が裁判体の構成員となり評決権をもって裁判を行うこと」と定義している。要するに、裁判官でない一般国民が裁判官の仕事をするということである。）が許容されているか否かという刑事司法の基本に関わる問題は、憲法が採用する統治の基本原理や刑事裁判の諸原則、憲法制定当時の歴史的状況を含めた憲法制定の経緯及び憲法関連規定の文理を総合的に検討して判断さるべき事柄である」との判断手法、笹田栄司教授のいわゆる複合的解釈手法（拙著127ページ）をとって判断されるべきだと判示する。

最高裁がその手法によって導いた解釈は、第一に「憲法は刑事裁判の基本的な担い手として裁判官を想定している」、第二に「憲法は『裁判官による裁判』から『裁判所における裁判』と表現を改めたこと、憲法第六章では下級裁判所については裁判官のみで構成されると明示していないこと、刑事裁判に国民が参加して民主的基盤の強化を図ることは基本的に了解し得ること」とし、国民の司法参加は禁じられてはいない、あとは、適正な刑事裁判が実現する仕組みになっているか否かであると纏めている。この点については、西野喜一新潟大学名誉教授が既に『法政理論』第44巻2、3号において最高裁の省察の足りなさを鋭く指摘しているので、是非これを参照されたい。

ところで、小清水弁護人の上告趣意は刑事裁判に国民参加が認められるか否かではなかったのであるから（拙著118ページ以下）、国民参加の是非について、本来は最高裁としてはこのような論陣を張る必要性はなく、張ることは許されるべきではなかったけれども、その点については既に前掲小論で論じているので、ここではそれをひとまず置いて、この最高裁の判示について検討する。

最高裁の掲げる統治の基本原理

大法廷判決のとった複合的解釈手法のうちの「憲法が採用する統治の基本原理」として、同判決は何を取り上げたであろうか。それは、前述の「刑事裁判の基本的な担い手として裁判官を想定している」という結論を導くための「近代民主主義国家には刑事裁判権の行使が適切に行われるための人権保障規定があり、三権分立の原則の下に裁判官の職権行使の独立と身分保障について周到な規定を設けていること」を述べ、且つ憲法はあらゆる国家の行為は国民の厳粛な信託によるものであるとする国民主権の原理を宣言した旨を掲記する。

最高裁の検討内容の欠陥

しかし、最高裁の取り上げた「この憲法が採用する統治の基本原理」には、本来検討されるべき重大な点が欠落していた。

司法への国民参加は、国民を司法権という国家権力に加担させることであり、それは、前述のとおり国民を公務員の地位につけることであるから、当然に憲法一五条の統治手続原理の規定との整合性が検討されなければならなかった。大法廷判決にはその点の検討の痕跡はない。

間接民主政を基幹とするこの民主主義国家の進むべき道を誤りなく定め、国民の権利、国家社会の安全、憲法によって定められた国家の姿を守るのは、国民から厳粛な信託を受けた代表者、つまり憲法一五条一項に規定された公務員である。当然のことながら、その公務員は与えられた職責を十全に全うすることのできる能力と適性を備えていることが肝要である。単に国家だけでなく、社会が良好な状態であり続ける要は、適所に適切な人材を備えることに尽きる。同条により国民固有の権利とされた「公務員の選定、罷免権」は、かかる認識を当然の前提としている。

それ故に、裁判員という新たな公務員を設けようとするときには、同条に定める国民の公務員選定権が実質的に保障されることが絶対に必要である。

大法廷判決が国民の司法への参加についての憲法が採用する統治の基本原理を検討すると記した以上は、この憲法一五条に関する検討を逃すべきではなかったのである。

公務員選定の具体化

憲法は、この一五条により国家権力行使者選定手続きの基本的立場を宣明し、その後の条文で具体的に、立法・司法・行政三権の担当者の選定方法を定めている。即ち、国会議員については四三条一項、内閣総理大臣については六条・六七条、国務大臣については六八条、司法府のうち最高裁判所長官については六条、最高裁判所裁判官については七九条一項、下級裁判所裁判官については八〇条一項を備えた。この各任命規定は、一五条の国民固有の権利の行使による民主的正統性の付与としての任命形式を定めたものである。安倍晋三氏の言葉が行政権を左右するのは、同氏が上記の内閣総理大臣としての選任手続きを経ているからであり、裁判官が被告人を死刑だと宣すればその効力が認められるのも、上記の任命手続きを経ているが故である。それほど、この憲法に規定する任命手続きを経ることとは、立憲主義国家としては極めて重大なことなのである。

また、憲法がこのように立法・司法・行政三権の担当者の選定制度を定めたのは何故であろうか。そこに定めた任命形式を採ることが、国家権力の適正な行使には欠かせないと考えたからである。

一五条の定める公務員選定の基本的手続きが上述のとおりであれば、それは前述の職務を担う裁判員という新たな公務員についても適用されなければならない。

内閣総理大臣、国会議員をくじで選ぶという発想がないのと同じように、裁判を担当する者についても、そのような発想は全くなかったのである。

この点が最も大切なことであるが、憲法第六章に定める裁判官とは、裁判所法に定める裁判官のみを指すものではなく、裁判という権力行使を担当する者の総称であるということである（拙著１２５ページ）。憲法八〇条一項は一五条を受けて定められた任命形式なのであり、それによって選定された裁判担当者でなければ、到底民主的正統性を有するものとは解し得ない。司法制度改革審議会竹下会長代理が八〇条一項の任命形式を「民主的正統性のぎりぎりの根拠」と称したことは正当であった（拙著１２８ページ、なお竹下会長代理がそれを承知の上で裁判員制度容認に動いたことは誠に残念というほかはない。）。

繰り返しになるが、憲法が下級裁判所における裁判担当者の国民による公務員選定権の行使手続きとして憲法八〇条一項を定めている以上、その手続きを踏まえたものでない者が裁判に関与することは禁じられているのであり、裁判員法の定める衆議院議員選挙人名簿から無作為抽出して選任するような手続きは、憲法一五条の求める民主的正統性を備えたものとは到底言えず、違憲であることは明らかである。

最高裁の判断の軽率さ

最高裁判所は、前記大法廷判決においては憲法一五条の存在には思いを致さず、また、八〇条一項を曲解し、且つ憲法第六章の裁判官を裁判所法に定める裁判官を指すものと誤って解し、前記大法廷判決を導いた。軽率の謗りを免れないと言わざるを得ない。

宮澤教授は、一五条に規定する選定とは、任命と選挙に大別されるとする。無作為抽出、つまりくじで人選することは、選定には含まれない。考えてみれば、これは当然のことである。無作為抽出する、つまりくじで選ぶということは、西野喜一教授が早くから指摘しているように（『裁判員制度の正体』97ページ）、結果がどちらに転んでも構わない場合に行われるものだということである。裁判担当者は「その良心に従い独立してその職権を行い、この憲法及び法律にのみ拘束される」べき者であり、その職務、つまり裁判という国民の生命、自由、財産を左右する行為を担当する公務員であれば原則的に国民全体とも称し得る選出母体から無作為にくじで選ぶなどということは、裁判は結果がどちらに転んでも良いと考えなければ許されないことである。憲法一五条の「選定」には、憲法は、第六章に定める任命形式以外のもの、くじで裁き人を選ぶなどということは全く考えていなかったのである。八〇条一項の任命形式は、全ての下級裁判所裁判担当者について厳守されなければならないことである。

裁判官としての適格性

憲法七六条三項が、前記のとおり憲法三二条に定める国民の人権を守ることを職責とする裁判所の構成員として裁きを担当する者の資格能力要件を定めているのは、国民がその基本的人権として、民事にしろ、刑事にしろ、裁判を求める或いは求められた場合に、最も望ましい裁判をするについての適格性を備え、それら裁きを担当する者は国民に対し責任を負うことのできる者であるべきだという裁判担当者像を示しているということである。平たく言えば、国民の誰もが安心して裁判を任せられる者の資格、能力要件を定めているのである。

選定ということには、選ぶ者の意思と判定を当然の要件とする。くじで選ぶということは、意思も判断も入りようがない。人を裁く者を選ぼうとするときに、国民に、或いは国民から委ねられた者によって、その選ばれる者の能力適性についての判定、選ぼうとする意思の及ばないものでも良いなどと言える筈がない。

むすび

このようなあまりにも明白な違憲の規定が国会を素通りし、最高裁判所も、日弁連も、憲法学者も、故意か過失かは分からないがこれを制御しなかったのは何故なのであろうか。

私は、以前にも記したが（拙著8ページ以下）、先進諸外国では陪審・参審という素人の裁判参加が長い歴史をもって行われているという事実認識、国民が参加すれば民主的になるという単細胞的発想、裁判官のみが国民の選定という民主的概念からは離れた位置にあるとみられることなどが多層的に影響し、それ故にこの一五条の定める手続原理が等閑に付されてしまったのではないかと考える。それはまた、大法廷判決の前記複合的解釈手法として取り上げられていることにも繋がったと考えられるものである。

改めて言うまでもなく、諸外国の中には陪審或いは参審と称される制度があることは事実であるが、そのことが当然に司法への素人参加を是認し得る根拠になるものではない。もしそれを根拠としようとするのであれば、それらが、国家における司法の本質的な使命を全うするための適切な制度であるか否かが十分に検討されて制定されたものかの考察を怠るべきではなく、且つそれら各国の制度の実態、制度内容の変遷、制度の抱える問題等について、その国の一般国民、学者、担当者らからの意見の聴取等の詳細な調査がなされなければなるまい。また、国民参加が即民主的と言えるかの検討及び司法が民主化することの問題性等についての慎重な検討も必要なのである。

以上に述べた論理は、従来の微温的権限しかなかった検察審査会が、二〇〇四年五月の改正により、起訴議決制度の採用によってその微温性は消滅し、第二の検察庁としての権力を有するものとなった以上（この問題については拙著183ページ以下参照）、検察審査員をくじで選ぶことの違憲性にも関係する。しかし、ここではその点には触れず、問題の指摘に止める。

今や裁判員制度は国民からそっぽを向けられる存在になった。もともと国民がかかる制度を作らなければならないと叫んで出来た制度ではなく、前述のムード的な勢いに乗って、日本の刑事司法の大変革であるにも拘らず、極めて粗雑な審議で、国会で成立してしまった、出来の良くないムード歌謡曲みたいなものであれば、早々に不人気になり廃れるのは当り前である。良識ある国会議員を含め、多くの人々が、この公務員任命の手続的原理を定める憲法一五条の趣旨その他裁判員制度の抱える諸問題に思いを致し、できるだけ早く裁判員制度廃止の声を上げ、国民と被告人を守る動きを始めてほしいと強く念願している。

（二〇一六・九～一一）

3　最高裁判決擁護論批判――柳瀬昇教授の見解について

はしがき

最高裁大法廷二〇一一年一一月一六日裁判員制度に関する判決（以下「大法廷判決」として引用する。）については、これまで多くの判例、評釈がなされている。その評釈の殆どは、その判決後一、二年のうちに公にされたものであり、私が二〇一六年に上梓した『裁判員制度はなぜ続く』（花伝社、以下「拙著」という。）のなかで取り上げた問題点に触れたものは、元東京高裁判事大久保太郎氏による「裁判員制度の落日（上下）」（『判例時報』２３１２、２３１３号）を除いてはこれまで見当たらなかった。今回たまたま、柳瀬昇教授の論説（「裁判員制度の憲法適合性」『日本法学』82巻3号１２６ページ以下、２０１６年12月）に接することができ、その中で、拙著で論じた論点の一部について批判的に論じられているので、その点も含めその論説について私の見解を述べたい。

上告理由限定の点について

上記論説（以下特に断らない限り「論説」として引用する。）は、同事件において弁護人が裁判員制度の憲法問題に関する上告理由として憲法八〇条一項本文前段と七六条一項・二項前段の二か条のみの憲法適合性を争点化しようとしたことを認め、検察官の答弁書もそれに応じたものであることを認めている。しかし論説は、どういう訳か、原審東京高裁判決も同様に解していることは取り上げていない（後記のように、それは極めて重要な点であるのに）。論説は、大法廷がその上告趣意以外の憲法条項についても判断を行っていることについての私の批判意見を紹介した上、次のように述べて大法廷判決を擁護する。

①裁判所法一〇条二号は、最高裁判所の小法廷が裁判できないものとして、同条一号の当事者の主張に基づいて法令等の憲法適合性を審査する場合を除いて法令等が憲法適合的でないと認める場合を規定しており、この条項は、すなわち裁判所が当事者の主張に基づかずに職権で法令等の憲法適合性を審査することができること、あるいは、裁判所の憲法適合性の審査は当事者の主張する範囲に限定されず、当事者の主張していない憲法上の争点についても裁判所が職権で判断を行いうることを示唆している。

②裁判所の憲法適合性の審査が、当事者の主張した争点に限定されると解しても、争点はその弁護人自身の要約する二か条の適合性問題に限定されていたと解すべきではない。その二

か条の適合性と論理的に関連づけられたものは前提問題としてその検討が不可欠であったと解される。

以上が上告理由に関する柳瀬氏の大法廷判決擁護の根拠である。

論説①②について共通して指摘し得ること

まず、その掲げる意見に共通して言えることは、憲法適合性の審査、判断ということが、最高裁判所の判決の結論、つまり、その事件についての法律上拘束力のある判断を示すことと、審査つまり単なる検討・考察をなし得ることとを混同しているということである。すなわち、裁判所法一〇条二号は「憲法に適合しないと認めるとき」と、後記刑事訴訟法四一一条は「判決に影響を及ぼすべき法令違反があること」とそれぞれ憲法適合性を否定している場合に限定しているのであって、その判断の過程においての審査は必須であるにしても、合憲、違憲どちらの結論に到達しても判断することは可能だなどとは定めていない。論説はそのことには触れず、裁判所法一〇条二号の引用として同条が「憲法に適合しないと認めるとき」と明確に規定しているところをことさらに「法令等が憲法適合的でないと認める場合」と表現を変えていることに、既にその論法に作為が見られる。

論説①の意見について

裁判所法一〇条の柱書は「事件を大法廷又は小法廷のいずれで取り扱うかについては、最高裁判所の定めるところによる。但し、左の場合においては、小法廷では裁判をすることができない。」と記し、その二号において一つの事態として「前号の場合（筆者注：当事者の主張に基づいて法令の憲法適合性が問題とされた場合）を除いて、法律、命令、規則又は処分が憲法に適合しないと認めるとき。」を定める。

刑事訴訟法四一一条は、「上告裁判所は、第四〇五条各号（筆者注：上告申立理由）に規定する事由がない場合であっても、左の事由があって原判決を破棄しなければ著しく正義に反すると認めるときは、判決で原判決を破棄することができる。」として「判決に影響を及ぼすべき法令の違反があること。」等を定める。その法令の中には憲法も含まれるから、原判決に憲法違反が認められれば、上告趣意にそれが掲げられなくても、最高裁は破棄することができるということである。

裁判所が憲法八一条によって与えられている法令審査権は、具体的事件を離れたいわゆる憲法裁判所的法令審査権でないことはもはや異論を見ない。上告人が最高裁判所に求める判断は当該事件の結論に関係がある場合であり、且つ、上告人が上告理由としない事由については、それが憲法に違反して原判決を破棄しなければ当該事件についての適正な判断をしたことにはならない場合に限定されるのであって、上告理由としていない事項について法令合憲と判断することは、裁判所が具体的な争訟を裁判するために必要な限度において法令の合憲性を審査する権を有する（宮澤コンメンタール692ページ）との憲法八一条の立場からして許されることではない。

大法廷判決の事件は、一審千葉地裁で懲役九年、罰金四〇〇万円の刑が科せられた女性被告人について、東京高裁が控訴を棄却した事件の上告審である。大法廷判決は、弁護人の上告理由について判断遺脱をしたものであって正しい判断を示してはいないけれども（拙著『裁判員制度はなぜ続く』118ページ以下）、それはさておき結論として上告を棄却し上記刑を確定させている。弁護人が上告理由として掲げた裁判員法の憲法八〇条一項、七六条二項、その他事実誤認、量刑不当の上告理由を全て排斥し、それ以外の憲法七六条三項、一八条適合性の判断を示すまでもなく、同一結論に到達している。

つまり「破棄しなければ著しく正義に反する」と認められる場合ではなかったのであり、憲法一八条、七六条三項の適合性に関する判断は同事件については判断を要しない余計なものであり、憲法八一条の法令審査権を逸脱する判断である。仮に、論説の所論のような主張を認めれば、これまでに共通の理解とされて来た裁判所の法令審査権の性質を覆すものとして根本的議論が必要であろう。裁判所の憲法判断は、飽くまでも当該事件の解決に必要な範囲内でなされなければならない（最高裁昭和二七年一〇月八日民集Ⅵ6巻9号783ページ、宮澤コンメンタール691ページ）。柳瀬氏はその点の考察を全く欠いている。裁判所法一〇条二号は、当事者の主張がなくても事件の正当な解決のためには必要な「違憲」判断を必要とするときにのみ大法廷に回付することを定めているのである。

柳瀬氏は「裁判所が当事者の主張に基づかずに職権で法令等の憲法適合性を審査できること」あるいは「裁判所の憲法適合性の審査は当事者の主張する範囲に限定されず、当事者の主張していない憲法上の争点についても裁判所が職権で判断を行いうること」を「示唆」しているという。裁判所法一〇条二号は、前述のとおり「憲法に適合しないとき」と明確に限定しているのに、当事者の主張していない争点についても（合憲判断を含めて）職権で判断を行いうることが「示唆」されるとは、感想としても正確でないことは明らかである。同氏は、かかる憲法問題について、「解される」と言わずに何故に「示唆」されるなどという曖昧な表現を用いたのであろうか。同氏が引用する『裁判所法逐条解説（上）』89ページの記載は、小法廷で裁判することのできない場合として「当事者の主張をまたないで『法律、命令、規則又は処分が憲法に適合しないとき』」の説明中で用いられている記述である。事案の解決には不必要でも合憲判断を含む憲法判断をなし得るなどとは、どこにも記していない。

その点に関連して同氏は、また安念潤司教授のつぎの記述を引用し、その「記述が明快である」として紹介している。それは、「訴訟法的には、ある法令が違憲であるという主張は法律上の主張であって、しかも法適用上の意見の表明にすぎないから、それに格別の制限があるわけではないが、裁判所を拘束する意味もなく、裁判所の専権に属する法の解釈と適用に関する一資料であるに止まる。したがって裁判所は、それを全面的に採用することも、全面的に無視することも、ともに可能であり、また、問題となっている法令が違憲であると考えるならば当事者の主張がなくても違憲の判断をすることが、権限であれば義務でもある」（安念「憲法訴訟論とは何であったか、これから何であり得るか」論究『ジュリスト』1号132ページ）というものである。

この記述が、柳瀬氏が主張するような抽象的、憲法裁判所的法令審査の容認を「示唆」する明確な記述と、どうして解されるのであろうか。安念氏の上記記述は、「訴訟法上の当事者の法律上の主張は、いかなるものであっても、裁判所は元来法令の解釈権をもっている（「汝事実を語れ我法を語らん」という法諺もある）、しかし違憲判断が必要なときは断平として判断しなければいけませんよ」と言っているに過ぎないのであって、柳瀬氏の意見に沿うようなことを言っているのではなく、ごく当り前のことを述べているだけである。柳瀬氏は大法廷判決擁護の意欲が強すぎ、その論文の趣旨を誤って解してしまっているのではなかろうか。

因みに安念氏は、つとに裁判員制度の根幹に関わる、裁判員の参加義務を定め被告人の制度選択権を否定する制度設計を強く非難し、裁判員制度は法科大学院制度とともに「反自由主義のモニュメントとなろう」（「自由主義者の遺言――司法制度改革という名の反自由主義」憲法論集1、「樋口陽一先生古稀記念」386ページ）と裁判員制度反対の立場を鮮明にしている、裁判員制度を何とか合憲化しようとする柳瀬氏とは全く立場が異なる学者であることを付記する。

論説②について

柳瀬氏はさらに、争点は、弁護人の提起したものだけではなく、その「争点」と論理的に関連づけられた前提問題を含むと言いたいようである。

刑事訴訟法四〇七条は、上告趣意書によって上告申立の理由を明示することを義務付けている。最高裁大法廷が裁判義務を負うのは、裁判所法一〇条一号によって「当事者の主張に基いて」憲法適合性について判断する場合と、同条二号によって法令の違憲判断をする場合を掲げる。憲法学者は訴訟手続に学力の問題によって疎いのかどうか（前記安念氏論考）は全く分からないが、柳瀬氏は、上告趣意の明示がなぜ必要か、その内容がいかなるものであるかは訴訟上極めて重大な影響を持つものであることを理解していない。

柳瀬氏が述べる「争点」に「関連づけられた前提問題としてその検討は不可欠だった、最高裁が裁判員法の憲法三四条、三二条、三七条一項、七六条三項の憲法適合性について判示したことは、当事者の主張との呼応関係には問題はないと解する。」趣旨の論旨（憲法一八条についての判断の必要性については積極ではないと注釈している。）は、漠としていて正直何を言わんとしているのか不明である。

それらの条項が上告趣意として明示されている判断に関連付けられているというのであれば、その限定された二つの上告理由の判断の中において触れられて然るべきなのに、どこにも触れられてはいない。

柳瀬氏は前述のとおり、大法廷事件の弁護人の上告趣意が憲法八〇条と七六条二項の二点「だけ」であったことは認めている。しかし、大法廷判決が上告趣意として記述していることは「所論は多岐にわたり裁判員法が憲法に違反する旨主張する」というものであり、憲法七六条三項違反、憲法一八条違反の主張もあったと偽りの記述をしていることは明白であるのに、それについての評釈をしない。最高裁は、判決において偽りの記述をしても許されるということであろうか。上告趣意として主張されないことであっても最高裁は合憲判断が可能だというのであれば、それは一つの独自の見解と解することもできるかも知れないが、上告趣意とはしないとわざわざ弁護人が断っているものを、上告趣意であったと偽りの記載をし、それに対し判断を示している最高裁の欺瞞的態度を柳瀬氏は容認するのであろうか。

前掲拙著でも指摘したが、最高裁は以前「控訴審において主張判断のなかった実体刑罰法規に関する違憲の主張についても上告理由として不適切である」旨判決している（昭和39年11月18日大法廷刑集18巻9号597ページ）。

論説は、前述したとおり、この大法廷判決の原審東京高裁判決は、憲法一八条、七六条三項の問題については控訴審で主張されなかったため判断を示していない。その昭和三九年の判例の立場からすれば、弁護人が最高裁に至って初めてその点の違憲の主張をしたものであれば、最高裁は不適法な上告趣意としてこれを却下すべきであり、まして、上告審ではその点の上告趣意はなかったとなれば、判断を示すべきでなかったことは明らかであろう。

また論説は、「争点」は弁護人自身要約の二か条に限定されるべきではない、弁護人は種々の違憲の主張をしているのだからという。拙著でも述べたが（113ページ）、上告審弁護人は『裁判員制度』は『違憲のデパート』と言われるほど多種多数の憲法問題を包含している。しかしながら本件での上告理由としては、最も単純で明快な問題として……『正規裁判官』の任命制度と……『裁判員』の選任制度との齟齬矛盾の問題だけをとりあげるにとどめる」としている。つまり、論説が掲げるようなことは、言葉として記してはいても、それに対する判断は不必要ですよとわざわざ断り書きをしているのである。弁護人がその二か条に限定すると言っているのに、限定されていると解すべきではないなどと述べるのは、いかなる思考回路を用いているのか全く理解できない。

その他の意見について

論説では拙著を取り上げているが、上記の上告趣意捏造の点を除いては触れていない。憲法八〇条一項に規定する「裁判官」の解釈について柳瀬氏がいかなる解釈をしているのか、宮澤教授の解釈は誤りだというのかには全く触れない。

また、憲法七六条三項の問題については、本来上告趣意として取り上げられてはいないから改めて論ずるまでもないものではあったけれども、論説で「本判決は、裁判員法が憲法に適合するという判断を前提に、裁判官が自分の意見と異なる結論に従うのは、憲法適合的な法律に拘束される結果であるから裁判官の職権行使の独立違反ではないという」ことについて、「職権行使の独立に違反しないとする実質的な理由は判決文の記述のみから読み取ることは困難である」と評し（その評自体はそのとおりである）、調査官の解説でその理由不備部分を補おうとしている。

その判示部分は実は、大法廷判決の巧妙なごまかし部分であるのに（本書110ページ）、論説はそのことについての詳細な検討を怠り、調査官の解説でその論理の不足分を補うという論法を用いている。かかることは判決の論評のあり方としては異常なことであろう。判例解説は最高裁判決と同価値に扱うことが許されるとでも考えているのであろうか。

要するに論説は、何としても最高裁大法廷判決を擁護したいがために、思い付く限りの論理や手法をつなぎ合わせているとしか解し得ない。論説は、国民参加と裁判員制度の憲法適合性について、合憲の立場から、これまでの合憲論の復習をしているに過ぎない。拙著で取り上げた憲法八〇条一項違反の上告趣意に対する判断遺脱の点（118ページ以下）には全く触れていない。

なお、柳瀬氏らが展開する討議民主主義理論を裁判員制度に持ち込もうとする意見については、既に私は論じており、そこでは最高裁も暗黙のうちにその立場からの合憲論の理由がないことを示しているものであることを付記する（拙著『裁判員制度廃止論』105ページ）。

（二〇一七・六〜七）

第４章　裁判員制度が招く司法倒壊

1　司法倒壊への警告

はじめに

大阪北部を震源とする内陸地震が二〇一八年六月一八日に発生し、高槻市の小学校のブロック塀が倒れて、通学途中の小学四年の女児が亡くなったとの悲しい知らせが全国に流れた。今年（二〇一八年）七月二日の朝日新聞はその一面で、全国の小中高校を対象とした調査で危険なブロック塀が少なくとも約二五〇〇校で確認されたと報じていた。また、同日の同新聞宮城県版には、一九七八年六月一二日に発生した宮城県沖地震の際、倒壊したブロック塀の下敷きになって八歳の二男を亡くした母親のインタビュー記事が載っていた。宮城県沖地震による死者二八人のうち、一八人がブロック塀などの倒壊で亡くなったと報じられ、その後建築基準法が改正されて、ブロック塀の耐震性の強化が義務付けられた。

ブロック塀の危険性については、法令の改正もあり、全国的にも広く認識されていたのかと思っていたが、この高槻市の痛ましい事故を知って、危険性の認識はさほど広まってはいなかったことを改めて思い知らされた。

宮城県沖地震や東日本大震災では主に東北地方に大被害がもたらされた。そこでのブロック塀倒壊による死亡事故の発生が知られていても、大阪の人々は、自分のところだけはそんな大地震が起きることはない、仮に大阪にそのような地震が発生しても自分のところだけは大丈夫と何となく思ってしまっていたのだろうか。

この世の中は危険に満ちている。歩道を歩いていても突然に車が飛び込んできたり、突然に裏山が崩れてきて建物が倒壊したりと、人災・天災は尽きることがない。現に、七月上旬には西日本の各地で記録的な豪雨災害が発生し、多くの方が亡くなった。社会的関係では、いつ自分があらぬ疑いをかけられて密告されたり、司法取引を悪用されて共犯者に仕立て上げられたりするか分からない。

しかし、多くの人々は日々幸せそうに暮らしている。この国がシリアになったり、アフガニスタンになったりすることは、まずありえないと思っている。

危険発生の予知について

確かに、平和な日常から一気に戦争に発展することはないであろう。しかし、今、身近に起きている些細な変化が、戦争に向かう道の一歩になっているのかも知れない。

以前にも引用したことのある『彼らは自由だと思っていた――元ナチ党員十人の思想と行動』（ミルトン・マイヤー著、未来社）の中のニーメラー牧師の告白（拙著『裁判員制度廃止論』27

ページ参照）に接すると、ニーメラー牧師ほどの人でも、ぎりぎりまで自分に危険が及ぶことは察知できなかったのであろうかと思わされる。

東日本大震災において、大地震がきて津波の襲来の危険は感じても、自分らのところまではこないだろうと思って避難が遅れ、多くの人命が失われたのではないかなどの指摘もある。

確かに、いつ起きるかも知れない危険を考えて日々怯えて暮らしたのでは、何のための人生かということにはなろう。予想される危険を考慮の上、その危険の現実化を避ける方策を立てる、必要のないものならば初めから作らないという賢明さを持てば、確かに被害を未然に防止できる。しかし、全ての生活場面でそのような配慮をすることは困難であろう。

以前、ある本を読んでいて、心理学の用語で「正常性バイアス」という言葉があることを知った。自分にとって都合の悪い情報を無視したり過小評価したりしてしまう人間の特性を言うらしい。

高槻市の倒壊した塀については、倒壊前からその危険性を指摘していた人がいたという。それでも何らの安全性強化策も講じられなかったのは何故であろうか。財政的理由をあげる人もいるけれども、それは理由にはなるまい。その危険性が人命にかかわるものであれば、教育予算総額からすればさしたる額とも思われない経費を捻出できないなどとは考えられない。

私には、その地の教育行政を司る者らの正常性バイアスが働いていたのではないかと推測する。自分らのところには地震は来ない、来ても小規模なものだけだと、関係者は思い込んでいたのではないであろうか。

司法の安全性への危惧

二〇〇四年五月に成立した裁判員の参加する刑事裁判に関する法律（いわゆる「裁判員法」）について、多くの人々は国民の人権を侵害し刑事司法を歪めるものだと主張してきた。同法施行日の迫った二〇〇九年五月近くになってから、同法の成立に賛成していた一部の国会議員らがその施行に待ったをかける動きもあった。その制度に批判的な私を含めてその制度の問題点として指摘したものは、日本の司法がおかしくなるという危険性であった。

西野喜一新潟大学名誉教授は、「おおむね丁寧な審理と判決を特徴として築き上げられたわが国の刑事裁判は崩壊し、まさに司法の自殺とでも言うべき事態になりかねないというのは決して杞憂ではない」と述べ（講談社現代新書『裁判員制度の正体』２２５ページ）、また、「刑事司法はそれぞれの国の根幹を支えるシステムの一つですが、我が国では裁判員制度によってこれが随分ゆがんできてしまっている」（ミネルヴァ書房『さらば、裁判員制度』はしがき）、「裁判員制度は、我が国の刑事司法に深刻な病理をもたらした」と説く（同著２５０ページ）。

元東京高裁判事大久保太郎氏は、司法制度改革審議会の審議が始まる前から（私がこの制度の抱える問題に気付くずっと前から）、国民の司法参加の一形態としての陪審制や参審制の問題点を、現行刑事訴訟制度の本質、運用の実態を踏まえて詳細に指摘し、その導入については識者による根本的な検討がなされなければならないと論じ（『判例時報』1678号、40ページ）、同審議会の最終意見が提出されたのちには、「このような裁判員制度が実現されるということはいわば天地の逆転にも比すべきものであって、かくては健全な刑事訴訟制度は、回復不可能な致命的打撃を受けることになるであろう。」と厳しく警告していた（『判例時報』1810号、8ページ）。

最近発行された『ポピュリズムと司法の役割』（斎藤文男著、花伝社）も、「裁判員制度を導入することによって、裁判まで多数支配の場に変えてしまった」、「司法の現状は危機的です。」（216ページ）と警告している。

高山俊吉弁護士は、『裁判員制度はいらない』（講談社）で、裁判員制度の抱える諸々の問題点を指摘し、その制度は人権と民主主義が崩壊すると結論付ける（170ページ以下）。小田中聰樹東北大学名誉教授も、『裁判員制度を批判する』（花伝社）で、「国民の司法参加という、一見民主的に見える裁判員制度下の裁判は、決して被告人にとって公正な裁判を実現できる仕組みにはなっていません。『迅速・軽負担・平易化』というスローガンのもとに公判が形式化し、防御・弁護活動が制限され、弁護管理が進み、それればかりか裁判員も一般国民も秘密の壁で囲われ、裁判が批判不可能な聖域にされてしまうでしょう。」、「裁判員制度によって出現する刑事司法の本質は、強権的な『管理統制司法』というべきものだと私は考えます。」と述べている（68ページ）。

作家の適菜収氏は、『ゲーテの警告　日本を滅ぼす「B層」の正体』（講談社＋α新書）で、「司法に民意を導入すると、法原理の根本にある『法の下の平等』『先例拘束の原則』が成り立たなくなる。」と論じ、「裁判員制度は究極の愚行」と断じている（１７５ページ）。

司法を敢えてブロック塀に例えれば

司法をブロック塀に例えるのもどうかと思うが、形ばかりの塀で、小さな地震程度には耐えても、少し大きい地震でぐらつく、さらに大きい地震がきたら倒壊してしまう塀だとしたら、それは単に役に立たないだけではなく、取り返しのつかない大きな被害を与えるかも知れない。

これまで、裁判員制度について出された前述の諸意見を含めて、その制度に反対その他の批判的意見の結論は、国家三権の一つであり弱者の最後の砦である司法は、その本来の機能を果たすことができなくなるという危険性の指摘であった。

最高裁判所は行政に追随し、下級裁判所は、こと裁判員制度については黙して語らず、語れず、裁判官の独立はどこに吹き飛んだのかと思われる状況に陥っている（講談社現代新書『絶望の裁判所』瀬木比呂志著、82ページ）。

裁判員制度が司法を変質させるに至った元凶は、なんといっても二〇一一年一一月一六日（あの大震災のあった年）の最高裁判所の裁判員制度に関する判決であろう。日本の裁判所はそれ以来、一つも裁判員制度を批判することはなくなった。前記の瀬木氏に言わせれば、仮に

「制度を表立って批判したとしたらとても裁判所にはいられないというような雰囲気となっている。」という（67ページ）。前述のように、多くの学者、元裁判官らからの危険性の指摘がされている制度について、その制度を違憲と考えるならば、裁判官は当事者の主張を待たずとも、裁判員制度は違憲の法制度であり、その制度による裁判はできないと判断すべきなのに（小学館101新書『裁判長！　話が違うじゃないですか』池内ひろ美、大久保太郎著、214ページ）、そんな気配は全く見られない状態になっている。裁判所では、瀬木氏が述べるように、こと裁判員制度に関しては暗黙のパワハラがなされていることになる。

ブロック塀の安全性を高めるために、高さ制限やら、支柱的役割をする補助塀の設置が義務付けられた。塀には、他からの侵入を防止し、他からの覗きを防ぐこと、境界を明確にすることなどの目的があるかも知れないが、いずれにしても、それが倒壊しては元も子もない。司法も同じである。強固な地盤の上に数々の補強策を講じられて建つことが最低の条件である。

強固な基盤を持つ司法へ

国家三権の一つであり、正義の支柱である司法は、国民の人権、弱者の保護の最後の砦である。それは国民による強固な支持を基盤とし、正義の府として政治的圧力の一切を排除し、ひたすら憲法とその下に成立した法律のみを頑固に守ることに専念すべき使命を有するものである。

その使命の達成を忘れ、国民からの支持を失うことになったら、それによる被害は全国民に及ぶことになる。全国民がブロック塀の下敷きになるということである。

裁判員制度の刑事司法に及ぼす被害のみではなく、同制度については、裁判員経験者によるＡＳＤ（急性ストレス障害）の発症、裁判員辞退による開廷不能状態の現出、裁判員批判の上訴審による破棄の頻発、裁判員候補者の辞退者の増加、無断不出頭者の増加による偏った裁判員構成の現出、公判前整理手続きの長期化による被告人身柄拘束期間の長期化、部分判決制度による直接主義の否定等々、刑事裁判の現状は前述の危険性の指摘が図星であることを物語るものとなっている（『マスコミが伝えない裁判員制度の真相』猪野亨ほか著、花伝社、に詳しい。）。しかし、この制度は、未だに細々ながら続いている。

一度出来上がったものの廃止のむずかしさ

大久保太郎元判事は、「陪審制又は参審制の導入は……必ず失敗すると思う。むしろ有害無益の結果となることは見えているというべきである。」と述べ、さらに、「殊に恐ろしいのは、一旦制度として作られてしまうと、すでに述べたように刑事立法の特異性として『やっぱり駄目だったか』と引き返そうとしても、それもできず、身動きがとれなくなることである。かくては、司法制度は、永久的に重い桎梏を抱え込み、恨みを千載に残すことになる。」と警告していた（前掲『判例時報』１６７８号「司法制度改革審議会の審議に寄せて」40ページ）。

私も、国立民族学博物館小長谷有紀教授の「文明というのは制度と装置ですけれども、制度と装置が一旦できたらその制度と装置が合わなくなっても中々壊れにくいですよね。……どうしても綻びのまま、だらだら行ってしまう。」という言葉を再三引用して（拙著『裁判員制度廃止論』62ページ、『裁判員制度はなぜ続く』9ページ）、制度というものが一旦できてしまうとそれを廃止することは本当に難しい、これは人間の業なのか、それに前記の「正常性バイアス」ということ、これも一種の業なのか、それら二つの業が悪い意味のシナジーを発揮して、いずれ取り返しのつかないところまで突き進んでいくのではなかろうかと悲観的に考えてしまう。

本来であれば、このような流れを押し止め、有るべき司法の姿への道を示すのはマスメディアであり、学者、研究者、そして日弁連であろうが、今はいずれも頼りにならない。「国境なき医師団」が発表した今年の日本の報道の自由度ランキングは、世界一八〇か国中六七位という情けない結果になっている。日本のメディアの抱える問題については『権力と新聞の大問題』（集英社新書、望月衣塑子ほか著）が鋭く突いている。

司法は、今や、裁判員制度という、被告人の裁判を受ける権利の侵害、裁判員の苦役の強制等国家による人権侵害制度によって、あちこちに亀裂が入り、倒壊の危険に晒されている。私が最も危惧するのは、司法の独立に忍び寄る危険である。やはり、国民の多くが、正常性バイアスをかけないで、ことの危険性を認識し、警告を発し続けなければならない状況にあることは間違いがない。

　また、一度できたらなかなかそれを廃止させることができないと言われるものを何としても廃止させるためには、ともかく、その危険性を叫び警告を発し続ける以外にはない。

（二〇一八・八〜一〇）

2　裁判員制度に見る司法の危機

私ほか一名の弁護士が原告代理人を務めた、裁判員経験者を原告とする福島地裁での国賠訴訟の二〇一四年九月三〇日付判決については、私は、以前にも批判意見を書いた（拙著『裁判員制度はなぜ続く』60ページ以下）。その中でも触れた「憲法一三条に規定する公共の福祉とは？」というテーマについて、舌足らずの点があったので、ここにその補充をさせていただきたい。もとより不勉強なので、十分な補充になるかは心許ないが。

その判示中にはつぎの文言がある。

「真摯に裁判員としての職務を遂行しようとしたが故に、本件裁判員裁判の審理・評議・評決に参加したことにより重い精神的負担を強いられ、その結果、不眠等の体調不良が継続し、急性ストレス障害を発症した」「憲法は一般的には国民の司法参加を許容しており、憲法の定める適正な刑事裁判を実現するための諸原則が確保されている限り、その内容を立法政策に委ねていると解される。そうであれば、国民に一定の負担が課されることは憲法の予定するところであって、その負担に必要性が認められ且つその負担が合理的な範囲に留まる限り、憲法の定める苦役を課したことには該らない」。

そして判決は、結論として、裁判員としての職務を誠実に務め、その結果、眠れない夜が続き体調不良になっても、それは合理的範囲の国民の負担である。裁判員制度が悪いのではない、自分の体調のことも考えずにまじめに裁判員の仕事に取り組んだのが悪い。仕事が大変と思ったら、なぜ途中で辞任の申立てをしなかったのか、辞任の申立てもしないで具合が悪くなったのは、悪くなった本人が悪い。この福島国賠訴訟とその一連の上訴審判決の結論は、表現は異なるけれども要するにこういうことである。

裁判員となることは、制度上原則強制であって、国民が好き好んでやる仕事とは定められていない。この障害を受けた裁判員も、一〇万円の過料の制裁をちらつかせられなかったら、裁判員はご免被りたいという方だった。それなのに、裁判員になったのが悪い、途中で辞めなかったのが悪いと言われては、立つ瀬がないではないか。この判決は、裁判所とは所詮そのような本質を有するところであり、弱い者を救ってくれる、まじめに働いていれば必ずそれに報いてくれるなどというところではないことを見せつけたのである。

国家が権力をむき出しにする場面では、裁判所は、国家権力の強力な味方になりこそすれ、その相手方に手を貸すようなことはしない。その意味では実に冷酷非情である。

単に裁判員制度だけではない。沖縄の普天間基地の辺野古への移転問題、原発問題なども、押し並べてその体質を諸に出してくる。

このように考えてくると、国民にとって裁判所とは何ぞやという前に、国家とは何ぞやとどうしても問いたくなる。

二〇一一年三月一一日、あの東日本大震災のあった日の夜の星空の美しさを語る人は多い。私も、いつも見上げていた空にこんなにも美しい星が群れていることを知って驚くと同時に、感激したことを覚えている。先日、仙台市天文台では、あの夜の星座を再現する映像を観る会を開いた。

この地球も、宇宙の一つの星として他の星から眺めれば、その3・11の夜空の星の一粒のように光輝いて見えているに違いない。輝くその地上では、目に見えて存在する生命体には、国家や地方公共団体、会社、法人などというものはない。これらは、人間という生命体が勝手に目には見えないものとして作り出した、言わば幽霊みたいなものである。元々は、この地上に存在する生命体、その中の存在価値を認識している生命体は、人間以外にはない。経済的な価値は需要と供給の関係で決められる。ピカソ、マチス、モネなどの絵がオークションにかけられて数百億の値がつけられることがある。そのような値は、絵の希少価値と、その絵を取得したいと思う人間の欲望の関係で決まる。

希少価値という価値判断の基準は、あくまでも相対的な価値基準である。しかし、人間というものは、あるがままの存在そのものが価値なのである。これまでこの地球という宇宙の一つの星に生まれた人間は、何百億人、何千億人に上るか分からない。それらは、すべてその一人ひとりが存在意義を持つ、他に代替し得ない絶対価値を持つ存在である。

人間は、群れを作り、群れて行動する。その中には、その群れを統率する能力のある者やそれに従うだけの者もいるであろう。そこに、人間についての群れ的優劣の評価、優生的考え方の基盤が生ずる。しかし、それは人間存在の価値とは関係がない。病人も健康な者も、障害者も健常者も、老人も若者もみな同じ、代替性のない絶対的価値ある者、その存在自体に価値があるものなのである。

群れが群れの利益のために、それを構成する一人の人間の絶対的価値を損ねてはいけない。そのことは、歴史的に次第にこの人間社会の倫理であるとされ、さらに群れが群れとして成熟してきた社会においては、群れの在り方の規範として認められてきた。

急に憲法の話になって恐縮だが、「そもそも国政は、国民の厳粛な信託によるものであって、その権威は国民に由来し、その権力は国民の代表者がこれを行使し、その福祉は国民がこれを享受する。これは人類普遍の原理であり、この憲法は、かかる原理に基くものである。」との憲法前文の表現は、その人間存在の絶対的価値の承認なしには理解し得ない言葉である。国民というのは、国という群れを構成する人間一人ひとりのことであり、福利は国民がこれを享受するというのは、群れから一人ひとりが大切にされなければならないということ、群れの利益のためと称してその一人の人間の存在価値を犠牲にしてはならないということである。

憲法一三条に定める「すべて国民は、個人として尊重される。」という表現は、その人としての存在そのものの価値を損なってはならないということである。そして、その個人の価値の限界的表現である公共の福祉という概念は、自分の価値を守るために他人の存在の価値を損ねてはならないということである。そこでは、群れのために各人が有する価値を犠牲とすること、価値を抹殺されたり損傷されたりすることはあってはならないという、群れと構成員との基本的な在り方が宣明されているのである。

日本国憲法を含む近代立憲主義憲法は、個人の権利・自由を確保するために国家権力を制限することを目的とするものとして定められた（芦部信喜『憲法　5訂版』13ページ）。そこで述べられている個人の権利即ち基本的人権は、公共の福祉に反しない限り最大限に保護される。

何が公共の福祉かについての判例の大勢は、個別的比較衡量論と言われる説を採用している。この比較衡量論という基準は、すべての人権について「それを制限することによってもたらされる利益とそれを制限しない場合に維持される利益とを比較して、前者の価値が高いと判断される場合には、それによって人権を制限することができる」というものである（前掲芦部101ページ）。この比較衡量論については、「一般的に比較の準則が必ずしも明確ではなく、とくに国家権力と国民との利益の衡量が行われる憲法の分野においては、概して国家権力の利益が優先する可能性が強いという点に根本的な問題がある」と評されている（前掲芦部102ページ）。その指摘は、要するに、その説によれば個人は公益に殉ずるという方向に流されがちであるということである。私は、個別的比較論はどうしても個人の尊厳を害し国家偏重になる説として正当ではないと考えている。

前述の福島地裁の判決は、正にその国家偏重の流れを地で行っている。裁判員制度というものが国民の基本的人権を侵害するものか否かを問う裁判で、「憲法は一般的に国民の司法参加を許容しており、憲法の定める適正な刑事裁判を実現するための諸原則が確保されている限り、その内容は立法政策に委ねられている」と説く。そして、「そうであれば国民に一定の負担が課されることは憲法の予定するところである」と続く。

仮に、憲法が一般的に国民の司法参加を許容していると解し得るものとして、その参加形態に、国民に負担とならない参加もあり得ることは、現在の調停委員、司法委員、参与員等の存在を見れば明らかである。参加が認められるから負担も容認しているというのは論理の飛躍であり、何ら説得力はない。負担という表現は、国民に無理強いするということである。司法参加が認められているから、国民に無理強いをしても良いなどとは決してならない。無理強いも許容されるというのであれば、憲法上他にこれを正当化する根拠が必要である。

しかし、それはない。むしろ、憲法一三条、一五条、一八条、一九条、二〇条、二二条など、その無理強いを制限する規定、国民の負担を禁止する規定のオンパレードであるだけである。それは当然のことである。前述のとおり、国民は、その一人ひとりが人間存在の価値を最大限に尊重されるべきものとして、この群れの中に存在するものであることが憲法の根本理念と定められているからである。

福島地裁の判決、その上訴審の判決は、個人の尊厳、人間尊重の精神を欠き余りにも国民の基本的人権を蔑ろにしている。国民を無視し国を立てる、近代立憲主義憲法が最も嫌悪した判断をこの判決はしたということである。

この福島地裁判決がなされたのは四年程前のことである。その判決後、裁判所は、心身の健康に自信のない人は辞退してよいですよと言い、裁判中におかしくなりそうなら辞めさせて下さいと言って下さいと言い出し、そのために裁判員が途中辞任を申し立てて裁判が継続できない事態も時折見受けられるようになった。

先日発行された『ポピュリズムと司法の役割』（斎藤文男著、花伝社）で著者は、「三権分立と法の支配の形骸化をファッショ化の指標にしたい」とし、「権力分立による抑制・均衡が現に機能しているか。司法が時の政権に抗い法の支配を堅持しているか。司法が多数の支配に屈していないか。その結果、個人の権利・自由がどこまでまもられているか」をファッショ化の判断基準にすると説き、「現代の政治体制はファシズムではないがポピュリズム化していることは確かだ、そのポピュリズムがファッショ化への契機をはらんでいることは否定できない」とし、結論として「司法の現状は危機的です。司法にはポピュリズム政治を抑止すべき役割をとうてい期待できない」と結論付ける。

先の二〇一一年一一月一六日最高裁大法廷判決、前述の福島地裁判決、その上訴審判決は、その危機を見事に描いた標本のようなものである。

（二〇一八・六～七）

3　裁判員制度の必要性——費用対効果も考えて

裁判員経験者の意見

最高裁判所の裁判員制度に関する統計資料のなかに、裁判員経験者に対するアンケート結果があり、多くの人が「貴重な経験でやりがいがあった」などと肯定的な意見を述べている。その一方で、「何も知識がない自分が、人の人生を判断して良いのか、決めて良いのか、とても考えさせられた。ストレスを感じた。」とか、「社会見学レベルでは良い経験と感じるが、『裁判』としては良いとは思えない。……真剣に取り組んだ分だけ無駄な時間を過ごした気がする。」、「裁判員をする意味が見出せなかった。」などの批判的・否定的意見も述べられている。また、制度自体を評価する意見もあるが、「裁判員制度は非常にコストがかかっていると思うのですが、ここまでかけてもやらなくてはいけない制度なのでしょうか。ニュース等で控訴審で裁判員裁判の一審の判決が覆っている場合が多いということを聞くこともあり、そう感じます。」との厳しい意見もある。

東京地裁では毎月一回裁判員経験者との意見交換会を開いているようである。ネットで、その交換会での出席者の発言内容をみることができる。その発言の傾向も上記の最高裁の調査結果と同様である。

裁判員制度の存在意義を問う事例

裁判員制度の存在意義は何か。その制度がこの国にはどうしても必要なのか。上記の裁判員経験者の意見ではないが、真剣にその疑問に向き合うべきではないか。

裁判に市民感覚を取り入れるためなどとマスコミは言うけれども、制度を定める法律は、そんなことはどこにも書いていない。司法というのは、本来、一般国民を集めて市民感覚なるものを取り入れる場ではない。「司法までが民主化しないところに合理的な民主主義の運用があろう」との兼子一教授の指摘は、司法の本質を突いている。「国民の中から選任された裁判員が裁判官と共に刑事訴訟手続きに関与することが司法に対する国民の理解の増進とその信頼の向上に資する」と裁判員法一条は記すけれども、その根拠は明確ではない。

裁判員法が施行されてから九年余、現段階で一万三〇〇〇余件の裁判員裁判が行われ、八万五〇〇〇人ほどが裁判員或いは補充裁判員になったという（2018年7月末速報値）。一方、裁判員の出席率（選定された裁判員候補者数または選任手続期日に出席を求められた候補者数に対する選任手続期日に出席した候補者数の割合）は年々低下の一途をたどり、最高裁もこのままでは制度の運用に支障をきたすとしてその原因探求を始めた。結果は、裁判所としては手の施しようもないものばかりである（本書64ページ）。

裁判員が一生懸命考えて下した結論は、あっさり上級審で覆される。裁判員は「何が正しいのかわからなくなった。」と嘆くばかり（朝日新聞２０１４年5月18日～20日）。参加した裁判員は、ストレス障害を起こして仕事も手につかなくなった（福島国賠訴訟）。せっかく裁判員になったのに、とてもやってはいられないと裁判途中で辞退する人が続出して、一旦裁判をストップして裁判員の選任しなおしが必要になった（２０１８年2月8日河北新報）。裁判員が暴力団員から脅されて、裁判員裁判は続行できなくなった（２０１６年5月福岡地裁小倉支部）。

今年（二〇一八年）六月二九日の神戸新聞ＮＥＸＴは、二〇七日の実質審理期間が予定されている神戸地裁姫路支部の裁判で、裁判員に選ばれた六人のうちの半数が早々に辞退し解任されたと報じていた。

裁判員制度施行後、一体、司法に対する国民の理解の増進はあったのか、司法に対する国民の信頼は向上したのか。制度を推進した人、賛成した人は、その問いに説得力ある論拠を示して回答してほしい。

審議会意見書の見込みは外れた

司法制度改革審議会はその意見書で、「国民が自律性と責任感を持ちつつ広くその運用全般について、多様な形で参加することが期待される。国民が法曹とともに司法の運営に広く関与するようになれば、司法と国民との接地面が広くなり司法に対する国民の理解が進み、司法ないし裁判の過程が分かりやすくなる。その結果、司法の国民的基盤はより強固なものとして確立されることになる。」と述べていた。

新しい制度を始めようとするときに、懸念材料を並べていては始まらないから、格調高く抽象的言葉を羅列するのは制定者の常套手段である。裁判員法一条は、この審議会の意見を条文化したものであろう。

そのときから、私は何と特殊な、歯の浮くような言葉を並べているのだろうと思っていたが、法制定後一四年余、法施行後九年余を経て、司法に対する理解が進んだとか、国民的基盤が強固なものになったとか、お世辞にも言えない状態になっている。逆に、その間に下された最高裁の上告趣意の捏造、判断遺脱判決を経て、司法への信頼は揺らぎ、司法では「何が正しいのかわからなくなった。」（前掲朝日新聞）と言われるような有様である。

裁判員制度の経費

前記の裁判員経験者の制度に批判的な言葉にもあるように、存在意義の分からない制度であることを施行後はっきりと見せつけられているのに、制度開始に使った広報費などの国家予算のほかに、毎年三〇億円余という税金が注ぎ込まれている（2008年8月26日朝日新聞ネット版を参考）。

国家が一度制度を作ってしまうと、損をしても、他に被害を与えても、絶対に無くそうとはしないのは、原発の例を引くまでもない。民主政治というのは、国民から選ばれた為政者は国民に対しその行った政治について責任を負う政治でなければならないけれども、我が国ではその責任を負う者はいない。

毎年三〇億円もの金があったら、国家本来の使命である福祉、教育、防災、文化等々、国民の生活の向上にどれだけ役に立ったであろう。しかも、それは裁判員に対する旅費・日当等の分に過ぎず、地方公共団体の裁判員候補者の選任事務、裁判所の候補者に対する通知、意見照会、事件ごとの選定と呼出等、それらに費やされる職員の労務費等を金銭に見積れば、裁判員関連経費はさらに膨らむであろう。

或いは論者は言うかも知れない。裁判の可視化が進んだ、証拠開示も広く行われるようになった、死刑制度の議論も盛んになったなどと。

改めて言うまでもなく、これらのことは裁判員制度を採り入れなくてもできること、裁判員制度はただダシに使われているだけである。しかし、本質的に裁判員になることは、国民に対し、日常ではあり得ない精神的・身体的負担、通常人であれば苦痛となる行為を求めることである。憲法一三条の個人の尊重の理念に反することである。その個人の尊重の理念に反してもなお、国家が個人にかかる負担を強いようとするならば、余人によっては替えられない特別な必要性がなければならない。しかし、裁判員制度にはそのような必要性は全くない。国は国民の血税を無駄に使っているばかりではなく、その血税によって国民の福祉を害しているのである。

目を覚ませ、声を上げよ

日弁連は日夜、裁判員裁判のテクニックの伝授に余念がない。これまで制度制定に賛同し推進してきた立場からか、その制度が真に必要なのかには頬かむりである。これが、国民の基本的人権を擁護し、社会正義を実現する弁護士の集団の正しい姿であろうか。

ともかく、最高裁は大法廷判決で、この制度はこの国に必要なのだ、今それが分からなくてもきっといずれ実を結ぶ時が来るというような当てにもならない夢を振り撒き、マスコミはこの制度に対する一切の批判を封印してしまっている。

裁判員制度は、国民が求めたものではない。それどころか、制定時から現在に至るまで多くの国民から嫌われている制度である。一刻も早く制度を廃止し、現裁判制度の抱える問題点を、時間をかけても明らかにし、衆知を集めて改善の道を見出すべきである。私個人としては、現在の官僚裁判官選任制度によらない法曹一元制度を見据えた国民を守る真の裁判官を生みだす制度を考案し、実現させる努力を続けるべきではないかと思っている。

ともかく、目を覚まし、裁判員制度の真実の姿を見極め、それを多くの人々が声に出して広く訴え続けることが求められる。

（二〇一八・一〇～一一）

4　国家不審時代に生きる

今この国は、国家権力に対する信頼性を根こそぎ揺るがしかねない大きな事件に遭遇している。一国の宰相夫妻が国有地の民間人への売却に関わったのか、その売却に関わった官庁はその売却にどのように対応したのか、また、宰相は学校法人の新学部承認に何らかの便宜を図ったか、防衛省はイラクやスーダンへのＰＫＯ部隊派遣の日報を隠蔽したのかなどが問われている。そこでは、憲法一五条二項に定める「すべて公務員は、全体の奉仕者であって、一部の奉仕者ではない。」との規定に従わない高級公務員の存在をも見せつけている。

公務員が職務遂行上求められる基本理念である「全体の奉仕者であって、一部の奉仕者ではない」ということは、国民に対する公平性の遵守を求めるものである。ところで、同じ公務員ではあっても裁判官については、憲法七六条三項に「良心に従い独立してその職権を行い、この憲法及び法律にのみ拘束される。」とその職務理念を定める。裁判官について、ことさらにその独立性を求め、憲法と法律にのみ拘束されることを求めているのは、分かりきったことではあるが、裁判官は憲法と法律以外の力に屈してはならないということである。裁判官の職務に就いている者は、公平性と共に独立性を、その職務遂行過程において片時も忘れず常に己れに言い聞かせ、戒めとしなければならないということである。

政局絡みの事件となるとマスコミは連日のように繰り返し報道する。しかし、国家三権の一つである司法の分野、特にその最高の地位に立つものに関しては、そこで取り扱われた事件の内容、結果についいては取り上げても、そこに現れた司法の根本の在り方に関わる問題についてはまるで蓋をしたかのように触れない。

一九八五年五月八日、ドイツ連邦共和国（旧西ドイツ）大統領リヒャルト・フォン・ヴァイツゼッカー氏がドイツの敗戦四〇周年の記念の日に連邦議会で行った講演は、「荒れ野の40年」と題されて、多くの人々に知られている（岩波ブックレット№55）。「過去に目を閉ざす者は結局のところ現在にも盲目となります。」という言葉は、多くの人々から共感を持って受け容れられている。そのヴァイツゼッカー氏は、一九八八年二月にカッセルの連邦社会裁判所・連邦労働裁判所において、「法の番人であり市民の守護者としての裁判所」と題して講演を行い、その中で、「権力分立の点では、立法権と行政権は相互の関係が強いから、裁判所は政治から独立の部門でなければならない。裁判所は強者に対する弱者の本来的保護のための法（権利）の番人である。裁判官の独立性は、種々の見解や解決を問いただし、内省を欠かさぬ精神的開放性から得られる。」と述べている（木佐茂男『人間の尊厳と司法権』日本評論社、３８９ページ）。

司法権の独立、裁判官の独立と称されることは、我が国において当然のこととして厳しく守られており、守られていると認識している国民が多いのではあるまいか。しかし、現実は必ずしもそうではない。「憲法上内閣が裁判官を任命することと、下級審裁判官の任期がわずか10年であることによって裁判所は政権の侍女としての性格を強めてきた。」（前掲木佐３９５ページ）。「日本戦後の司法民主化は……内発的性格は弱く、その改革は司法省との分離、形式的な三権分立を確保せんとするあまり『裁判官の独立』への配慮に欠けるものであった。」との指摘がある（同著３９６ページ）。この指摘は約三〇年前のものであるけれども、私は、現在その実態はより不安な方向に向かっていると見る。

司法を脅かす力とは何か。暴力、脅迫行為あるいはそれに準じる力も当然に考えられるけれども、憲法が考えているのは明らかに、目には見えない権力であることは間違いない。つまり、司法権の独立、つまり裁判官の独立というのは、かかる権力に迎合しないこと、ヴァイツゼッカー氏の言葉にもあるように、強者に対する弱者の本来的保護のための法（権利）の番人としていかなる圧力にも屈せずその使命を果たすことである。

私は以前、裁判員制度に関する二〇一一年一一月一六日最高裁大法廷判決を取り上げ、そこには上告趣意の捏造があり、その判断には裁判員制度合憲判決としての判例価値はないと述べた（『裁判員制度はなぜ続く』花伝社、１０２、１１８ページ）。

最高裁に対する批判の多くは、これまで事務総局が先導する形で行われる人事差別、給与差別、判決内容、思想などによる差別が主であり、それに対する批判が主たるものであったけれども（前掲木佐396ページ、瀬木比呂志『絶望の裁判所』、森光『司法権力の内幕』等）、この大法廷判決はそのような司法行政に絡むものではない。判決そのものが、上告人弁護人が上告趣意とはしないと態々断っている点を上告趣意と捉え、上告趣意とされたものについて、故意か過失かは分からないけれども判断を遺脱するという判決内容であったということ、しかも求められてもいないのに独自の裁判員制度観を披瀝し制度推進の旗振り役を果たすという政治的行為を行ったということである。

『判例時報』は2312号、2313号で、元東京高裁判事大久保太郎氏による私とほぼ同旨の論文を掲載したけれども、マスコミは沈黙を守っている。

下級審が仮にかかる判決をすれば、上級審での是正の道も残されるが、最高裁判所大法廷判決のこのような信じられない作為的とも評し得る判断に対しては、国民が声を上げる以外に是正の道はない。

裁判官の独立とは、ヴァイツゼッカー氏が述べる「政治から独立の部門」であること、「強者に対する弱者の本来的保護のための法（権利）の番人であること」、「種々の見解や解決を問いただし、内容を欠かさぬ精神的、開放性から得られるもの」である。つまり、自己の判断について、権力におもねてはいないか、弱者の立場を理解しその心に寄り添っているか、独立を独善と見誤ってはいないかを、常に自問自答することである。

私は、以前ほか一名の弁護士と一緒に、裁判員の職務を担当したことによって急性ストレス障害になった女性Ａさんを原告とする福島地裁での国家賠償請求事件を担当し、その事件で下された判決を批判した（前掲『裁判員制度はなぜ続く』60ページ以下）。その批判の中で、私は、「一言でこの判決を評すれば、憲法七六条三項に定める裁判官の独立を放棄した、余りにも粗雑な論理による国策追従、国民の基本的人権無視の判決ということに尽きる。」と評した（同著72ページ）。

この福島地裁判決に対する私の評価は今も変わるものではないが、その判決は、内容はともかく原告の主張は主張として正しく捉えていることは確かである。しかし、前掲の大法廷判決は、主張もしないものを主張したものとし、主張したものをその内容を歪めて捉えて判断し、さらに国策に関する意見を開陳した。私は以前「この大法廷判決の持つ危険性については、マスコミはいくら大々的に取り上げても取り上げ過ぎることはないと思っている。」と書いた（同著１１７ページ）。森友・加計学園問題や自衛隊派遣日報問題は、連日、国会審議やマスコミで取り上げられている。これらの問題は、政治家や行政官の使命はどこに吹き飛んでしまったのかという、確かに我が国の民主主義の根幹に関わる大問題だから、このようにマスコミが連日取り上げ、国会でも議論されることは当然である。

しかし、最高裁が政治的意見を述べ、且つ国民を騙す判決をすれば、それは国権の一翼を担う機関の行為としては有るまじき行為であるから、いくら非難してもしきれるものではないはずである。

もちろん、その判決がなされたのは今から6年半前の出来事であれば、今この問題を取り上げることのニュースバリューのないことはよく分かる。そうとは分かっていても割り切れないのは、今、森友・加計学園問題等をここまで重要な問題と捉えるのであれば、最高裁の前記の政治的行為、欺罔行為が厳然と存在したという歴史的事実は、何らかの形で広く書き留められて然るべきではないかと思う。

私が大法廷判決を批判したのち、その私の意見に反論した柳瀬昇教授の論説は、私の到底納得し得ないものであるが（本書132ページ）、その柳瀬教授でさえ、大法廷事件の弁護人の上告趣意が憲法八〇条と七六条二項違反の二点「だけ」であったことは認めている。そうであれば、大法廷判決が上告趣意として記述している「所論は多岐にわたり裁判員法が憲法に違反する旨主張する。」との判示が偽りの記述であることは明らかである。しかし、同教授はそのことについては黙して語らない。まぎれもなく最高裁は判決の判示によって国民を欺いたのである。しかも、裁判員制度推進のための政治的判示までしたのである。

これまで私は、裁判員制度の違憲性など、その抱える問題について反復して意見を述べてきた。この大法廷判決の最大の問題は、国家司法権の最高の地位に立つ最高裁が、司法権を行使するものとして絶対に侵してはならない司法権の独立、立法・行政からの独立の理念に背いて、これに迎合したということである。また、この大法廷判決に迎合して、前記福島地裁判決は、国民の精神を蝕む裁判制度を擁護し、国民の基本的人権を公共の福祉の名のもとに侵害したのである。

森友・加計学園問題等も重要である。しかし、この司法権の独立が風前の灯であることは、本当に恐ろしい。

私の地元の河北新報は、二〇一八年二月八日の朝刊で「裁判員相次ぎ辞任」「公判期日異例の取り消し」の見出しで、強制性交致傷罪に問われた男の裁判員裁判で、二人の女性裁判員と一人の女性補充裁判員が相次ぎ辞任の申し出をしたことによりこれを解任し論告求刑公判の期日を取り消すに至ったことを報じた。国民が裁判員制度について何らかの批判的意見を述べ、或いは行動に出ることによって制度は必ず自壊していく。司法を健全な姿に立ち直させるのは、国家権力の基盤である主権者国民以外にはない。

先ごろ、裁判員候補者の不出頭者、辞退者の増加について最高裁がその原因の調査を第三者に依頼したとの報道があった。国民がはっきりと制度についての意思表示をし、それを態度に示すことなどにより国民の一人ひとりが、また権力とは無縁な学者、日弁連などが、声高でなくてもよいから、ともかく制度批判の声を上げ続けることが重要なことだと思っている。

（二〇一八・四〜五）

あとがき

「善きことはカタツムリの速度で動く」と言ったのはガンジーである。この世は苦難に満ちている。でも善きことはいつか必ず訪れる。その言葉は、希望をもって一歩でも半歩でも前へ歩き続けるべきことを説くものであろう。昨年一二月四日、ペシャワール会現地代表の中村哲医師がアフガニスタン東部ジャララバードで武装勢力の攻撃を受けて亡くなった。享年七三歳。パキスタンからアフガニスタンに移り、そこで多くの人々が干ばつに苦しみ、幼い命が次々と失われていくのを目の当たりにして、ともかく医療よりも人々の貧困の解消が必要との判断から、灌漑事業に関する知識を学び、吸収し、自ら重機を操縦し、現地の人々と共に、長い戦乱で荒れた土地での農業の復活を願い、まさにカタツムリの速度で六五万の難民の帰農を目指して一万六五〇〇ヘクタールの農地を回復させたという。その死は、常に貧しい人々の傍らに立った草の根の支援を続けている途中の悲劇だった。実に、弱き貧しき人々の幸せのために尽力された生涯であった。全ての国の指導者が、中村さんのような信念と実行力の持ち主であればと思う。

振り返ってこの国を見れば、新型コロナウイルスの感染の危険もさることながら、政治指導者らは、国民の無知と健忘に乗じて、虚偽、詭弁、隠蔽の政治ウイルスをまき散らす。かつてナチスが勢力を拡大していったときのドイツのように、多くの国民がそれを支援し、コロナよりも悪質なウイルスの蔓延に協力している。

私が制度成立以来批判し反対してきた裁判員制度は、制度を制定し推進してきた者が描いていた姿からは程遠い哀れな姿になってしまっているのに、前述の政治ウイルスのせいかはわからないが、次第に国民の批判の声はか細くなった。この制度を消滅させることは、アフガニスタンに沃野を復元させる以上に困難ではないかと、正直無力を感じることもないわけではないが、私は、裁判員制度はどうしてもなくさなければならない、その制度をなくすことは単に司法制度に関してだけではなく、この国の民主主義、国民の基本的人権の擁護のためにも不可欠なこととの考えから、兎も角カタツムリの速度ではあるがその目的実現のために歩き続けようと思ってきた。この思いに最大の理解を示してくださる「司法ウオッチ」の主宰者河野真樹さん、いつも背中を押してくださる元東京高裁判事大久保太郎さんらのお励ましのお陰で、ここまで拙い論考を書き連ねることができた。制度が参るより先にこちらの命が参ってしまうかも知れないが、まさにカタツムリの速度での一歩と知りつつこの本の出版を思い立った。今回も前二回と同様、その思いを受け入れてくださった花伝社の平田勝社長ほか多くの方々のご助力に感謝を申し上げる。

二〇二〇年三月

＊各論考の末尾の数字は「司法ウオッチ」掲載の年月である。

織田信夫（おだ・のぶお）
1933年　仙台市にて出生
1956年　東北大学法学部卒
1963年　判事補
1970年　弁護士登録（仙台弁護士会）
1988年　仙台弁護士会会長
1989年　日本弁護士連合会副会長
1999年　東北弁護士会連合会会長

裁判員制度は本当に必要ですか？——司法の「国民」参加がもたらしたもの

2020年4月20日　初版第1刷発行

著者 ―― 織田信夫
発行者 ― 平田　勝
発行 ―― 花伝社
発売 ―― 共栄書房
〒101-0065　東京都千代田区西神田2-5-11 出版輸送ビル
電話　03-3263-3813
FAX　03-3239-8272
E-mail　info@kadensha.net
URL　http://www.kadensha.net
振替 ―― 00140-6-59661
装幀 ―― 北田雄一郎
印刷・製本 - 中央精版印刷株式会社

ISBN978-4-7634-0924-9 C0032